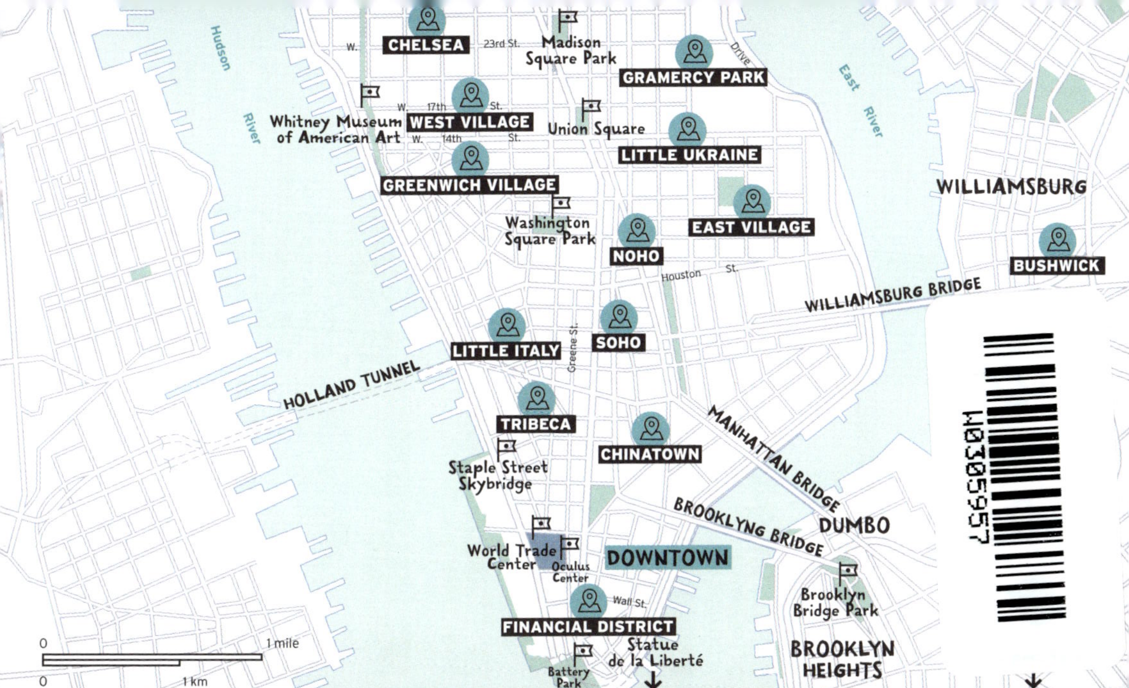
CHELSEA
W.
23rd St.
Madison Square Park
GRAMERCY PARK
Drive
East River
Hudson River
W. 17th St.
WEST VILLAGE
Whitney Museum of American Art
W. 14th St.
Union Square
LITTLE UKRAINE
GREENWICH VILLAGE
WILLIAMSBURG
Washington Square Park
EAST VILLAGE
NOHO
BUSHWICK
Houston St.
WILLIAMSBURG BRIDGE
LITTLE ITALY
Greene St.
SOHO
HOLLAND TUNNEL
TRIBECA
CHINATOWN
MANHATTAN BRIDGE
Staple Street Skybridge
BROOKLYNG BRIDGE
DUMBO
World Trade Center
Oculus Center
DOWNTOWN
Wall St.
Brooklyn Bridge Park
FINANCIAL DISTRICT
Statue de la Liberté
Battery Park
BROOKLYN HEIGHTS
0
1 mile
0
1 km

QUE DU MEILLEUR ! LES SPOTS PAR QUARTIER

SUITE DES SPOTS PAGE 126 ›

POURQUOI ON ADORE NEW YORK

9 EXPÉRIENCES MYTHIQUES

Tout est possible à New York City ! La ville offre une infinité d'activités à ne plus savoir qu'en faire... Prendre des selfies à Times Square, appâter les écureuils de Central Park, boire un café chaud face à la Skyline...

Pour en avoir plein les mirettes, c'est par ici !

1 VISITER LE LOUVRE FAÇON USA

METROPOLITAN MUSEUM OF ART (MET)

Déjeuner sur les marches comme Blair et Serena dans *Gossip Girl*, monter le célèbre tapis rouge du Met Gala, découvrir un bâtiment splendide et sa collection de plus de 2 millions d'objets... Impossible de tout faire ? Le département des antiquités égyptiennes a tout pour vous plaire.

- Upper East Side
- 1000 5th Avenue, Manhattan
- www.metmuseum.org
- @metmuseum
- Étudiants 17 $, plein tarif 30 $
- Fermé le mercredi

2 REGARDER NEW YORK DEPUIS LES ÉTOILES

EMPIRE STATE BUILDING

Au 102e étage, le plus connu des rooftops de New York vous offre une vue imprenable sur Manhattan. L'Empire n'est pas juste le refuge de King Kong et le spot de Chuck et Blair, c'est aussi un building Art déco de 1931, resté le plus haut jusqu'en 1970, avant qu'il ne soit dépassé par le World Trade Center.

Midtown South
www.esbnyc.com
À partir de 40 $
20 West 34th Street, Manhattan
@empirestatebldg
Réservation conseillée

3 VOIR LA NUIT ÉTOILÉE DE SES PROPRES YEUX

MUSEUM OF MODERN ART (MOMA)

Le MoMA est un incontournable pour tout amateur d'art moderne et contemporain. Et après la visite de ses superbes collections et expositions temporaires nichées dans un bâtiment gigantesque, passage obligé au MoMA Design Store, boutique d'art et de design réputée.

Midtown
www.moma.org
Étudiants 14 $, plein tarif 25 $
11 West 53rd Street, Manhattan
@themuseumofmodernart

4 SALUER LA LIBERTÉ ÉCLAIRANT LE MONDE (RIEN QUE ÇA)

STATUE DE LA LIBERTÉ

Emblème de New York, la statue de la Liberté est un *must do* pour tout touriste qui se respecte... On la rejoint en ferry, et il est possible d'accéder à l'intérieur de la statue et de visiter le musée qui l'accompagne sur l'île. Pour les plus pressés, direction le point de vue tout au sud de Manhattan.

Liberty Island
www.nps.gov/stli
Statue of Liberty, Liberty Island
@statueellisnps
À partir de 24 $

5 PRENDRE LA POSE AVEC DEADPOOL ET MICKEY

TIMES SQUARE

Place mythique de New York, ici les images et la foule affluent de partout ! Encore plus impressionnante de nuit : il faut se camper en haut des escaliers au milieu de la place pour avoir la photo idéale, puis aller prendre la pose au milieu des danseurs de rue et artistes dignes des shows de Broadway !

- Midtown West
- www.timessquarenyc.org
- Times Square, Manhattan
- @timessquarenyc
- Gratuit

6 SE PLONGER DANS L'HISTOIRE AMÉRICAINE

WORLD TRADE CENTER ET 9/11 MEMORIAL

Vingt ans après le 11 Septembre, le One World Trade Center s'élance : un gratte-ciel immense, une gare et un centre culturel. À ses côtés, le mémorial-musée présente une architecture unique et impressionnante. Impossible d'en ressortir les yeux secs...

- Financial District
- www.911memorial.org
- 180 Greenwich Street, Manhattan
- @911memorial
- Musée 29 $; mémorial gratuit

7 VIVRE COMME UN HIPSTER À BROOKLYN

WILLIAMSBURG

Quartier ultra-branché, Williamsburg a de quoi faire rêver : brunchs, bars et soirées à n'en plus finir, restaurants de qualité, fripes et maisons colorées ponctuent les rues animées. Bedford Avenue a vu ce quartier évoluer depuis la gentrification des 80s... À visiter avant la fin des années bohèmes !

Williamsburg
#williamsburg
Williamsburg, Brooklyn
Gratuit

8 DÉCOUVRIR L'ART AMÉRICAIN À L'HONNEUR

WHITNEY MUSEUM OF ART

Les collections du Whitney ont déménagé en 2015 pour rejoindre un superbe bâtiment ultra-moderne signé Renzo Piano. Y est présentée une large collection d'art américain des 20e et 21e siècles ainsi qu'une vue imprenable sur les environs grâce à ses baies vitrées et à son rooftop accessible au public.

Greenwich Village
https://whitney.org
Étudiants 18 $, plein tarif 25 $
99 Gansevoort Street, Manhattan
@whitneymuseum

9 PRENDRE UNE BOUFFÉE D'AIR FRAIS AU CŒUR DE LA VILLE

CENTRAL PARK

En toute saison, on peut flâner le long des petits chemins de Central Park. En plus des nombreux concerts improvisés, écureuils et *dog sitters*, il faut passer voir le Conservatory Garden, le Belvedere Castle, la Lawn, le Lake ou encore le Ramble, qui accueille 230 espèces d'oiseaux.

Central Park
www.centralparknyc.org
Central Park, Manhattan
@centralparknyc
Gratuit

LES MEILLEURS SPOTS INSTAGRAM

#NYC Poster des photos de ses vacances à New York, c'est le succès assuré. Pour faire voyager tes followers et pimenter ton *feed* Insta, voici une sélection des endroits esthétiques à ne pas rater !

VUE SPECTACULAIRE BROOKLYN BRIDGE

Ce célèbre pont qui relie Manhattan à Brooklyn est à traverser au lever du soleil ou la nuit, pour une vue de choix sur la lumineuse Skyline. Une expérience unique qui t'offrira un souvenir inoubliable ! On aime le bruit de la ville, la perspective interminable du pont et la vue sur les buildings...

Brooklyn Heights, Two Bridges
Brooklyn Bridge Boulevard, Manhattan et Brooklyn
www.brooklynbridgepark.org **#brooklynbridge** **Gratuit**

ON TOP OF THE ROCK ROCKEFELLER CENTER

Prendre ses plus belles poses sur la plateforme d'observation avec Manhattan à ses pieds ? C'est LA photo new-yorkaise à envoyer aux grands-parents. Bonne nouvelle : pour éviter les foules, l'accès se fait 24/24. Et à Noël, n'oublie pas de jeter un coup d'œil au fameux sapin du Rockefeller Center !

Diamond District
www.rockefellercenter.com
À partir de 40 $
45 Rockefeller Plaza, Manhattan
@rockefellercenter

LA PLUS BELLE SKYLINE BROOKLYN BRIDGE PARK

Aller s'asseoir sur une pelouse aménagée des *piers* et regarder Manhattan s'illuminer au moment du coucher du soleil, c'est s'assurer une soirée réussie. Les food trucks et endroits branchés de Dumbo te tendront les bras pour une pause bien méritée au bord de la rivière !

Brooklyn Heights
www.brooklynbridgepark.org
334 Furman Street, Brooklyn
@brooklynbridgepark
Gratuit

MIROIR MIROIR SUMMIT ONE VANDERBILT

Une architecture en verre, des étages transparents tout droit sortis d'*Inception* et ses surfaces aux allures d'*infinity room* offrent une vue sur New York dans un décor inimitable... On conseille de réserver ses places tôt le matin, ou au coucher du soleil, pour des couleurs éclatantes.

Midtown East
https://summitov.com
À partir de 39 $
45 East 42nd Street, Manhattan
@summitov
Pas de jupes, robes et talons du fait des étages transparents et sols délicats.

WEST SIDE STORY STAPLE STREET SKYBRIDGE

À Tribeca, ce pont habitable (vendu pour 24 millions de dollars) connecte deux immeubles dans une ruelle typiquement new-yorkaise. Les briques rouges et les escaliers de secours plantent le décor pour que vous puissiez vous immerger totalement pendant votre balade !

Tribeca
#tribeca
9 Jay Street, Manhattan
Gratuit

VOYAGE ET CINÉMA GRAND CENTRAL TERMINAL

Marcher dans les traces d'*Eternal Sunshine of the Spotless Mind, Gossip Girl, Revolutionary Road, Men In Black II* et *Midnight Run*, ça te tente ? Cet immense hall de gare n'est pas seulement ultra photogénique, c'est aussi un monument cultissime du cinéma américain.

Midtown East
www.grandcentralterminal.com
Gratuit
89 East 42nd Street, Manhattan
@grandcentralnyc

ARCHE MYTHIQUE WASHINGTON SQUARE PARK

Cheese ! L'arc de triomphe qui trône au milieu du parc est un lieu phare de Manhattan. À toute heure sont présents locaux, touristes, artistes et musiciens. La place autour de l'arc, très animée, sera le symbole triomphant d'une photo réussie.

- Greenwich Village
- Washington Square, Manhattan
- https://washingtonsqpark.org
- #washingtonsquarepark
- Gratuit

ÉCRIN DE SIMPLICITÉ SOLOMON R. GUGGENHEIM MUSEUM

Avis aux amateurs de photos minimalistes. Le musée Guggenheim, réalisé par l'architecte Frank Lloyd Wright en 1959, est un temple de l'art contemporain à l'architecture simple et lumineuse. La promenade en spirale promet des photos tout du long et une belle vue sur la nef une fois en haut !

- Upper East Side
- 1071 5th Avenue, Manhattan
- www.guggenheim.org
- @guggenheim
- Étudiants 18$, plein tarif 25$

CENTRE COMMERCIAL FUTURISTE OCULUS CENTER

Cette gemme architecturale est le nouveau centre commercial du One World Trade Center. Avec ses allures ultra-contemporaines d'immense cathédrale, l'Oculus est le temple de la consommation, mais aussi celui du design minimaliste. Il est temps de demander à ton meilleur pote de te photographier en grand angle !

- Financial District
- 185 Greenwich Street LL3110, Manhattan
- www.officialworldtradecenter.com
- @westfieldworldtradecenter
- Gratuit

TOUT NYC (OU PRESQUE) EN 3 JOURS

JOUR 1

MATIN : visite historique au Financial District

Mémorial du 11 Septembre au Financial District, balade le long de Broadway Avenue, aperçu du New York Stock Exchange, puis statues de la jeune fille et du taureau de Wall Street.

MIDI : déjeuner dans une taverne

Rue historique de Stone Street, qui propose un grand choix de restaurants, tavernes et terrasses !

APRÈS-MIDI : statue de la Liberté depuis le ferry

Direction Battery Park pour embarquer à bord du ferry et aller visiter la statue de la Liberté et Ellis Island, île historique où arrivaient les migrants : émotions et fascination garanties.

SOIR : boire un verre comme dans les années 20

De 1920 à 1933, la consommation d'alcool aux États-Unis est prohibée. Les connaisseurs se retrouvent alors dans des bars cachés : c'est la naissance des *speakeasies*. Dégustation de cocktails à LITTLE SHOP, bar niché derrière une petite boutique.

Financial District
https://thelittleshopny.com
Cocktail 18 $
252 Front Street
@thelittleshopny
Fermé le lundi

JOUR 2

MATIN : Little Italy, Soho et Chinatown

Pour vivre le bouillon multiculturel qu'est New York, direction Soho pour le quartier chic et les immeubles élégants, puis Little Italy et enfin Chinatown !

MIDI : déjeuner à Chinatown

Ne pas manquer les *dumplings* (raviolis asiatiques) ! **NORTH DUMPLING** est une adresse réputée pour son rapport qualité-prix.

Chinatown
@northdumpling
27A Essex Street
Plats 3-10 $

APRÈS-MIDI : un incontournable, le pont de Brooklyn

Traversée de Brooklyn Bridge pour une vue incroyable sur Manhattan depuis ce pont historique. Sur l'autre rive, à Brooklyn, balade le long de Brooklyn Bridge Park puis d'Atlantic Avenue, Court Street et Smith Street.

SOIR : dîner à Brooklyn

Dîner sicilien à **RIVER DELI**, restaurant aussi beau que bon. La nourriture italienne à base de raviolis ricotta-épinard, de lasagnes et de *bruschette e taglierri* est excellente !

Cobble Hill
32 Joralemon Street, Brooklyn
www.riverdelirestaurant.com
@riverdelibrooklyn
Plat de pâtes 17 $

JOUR 3

MATIN : le Louvre des USA
Avec son bâtiment massif et ses escaliers impressionnants, il ne faut pas manquer la visite du Metropolitan Museum: temple égyptien, statues grecques et romaines, tableaux des plus grands peintres classiques comme Raphaël, Rembrandt, Caravage, mais aussi Delacroix, Van Gogh et Monet.

MIDI : pique-nique à Central Park
On attrape un bagel qu'on mange dans le fameux Central Park ! Au détour de la balade dans ce parc immense, on croise des musiciens et quelques artistes. Ne pas manquer la vue depuis le Reservoir et le lac avec le Oak Bridge.

APRÈS-MIDI : balade au Village
Direction Greenwich Village, avec le célèbre et vivant Washington Square, QG des étudiants de New York University ! On file au Caffe Reggio, puis balade dans le West Village, à l'East Village et Little Ukraine pour manger des pierogis.

SOIR : place au spectacle !
Mettez-vous-en plein les yeux avec les écrans géants de Times Square. Pour finir en grande pompe, allez voir une comédie musicale dans un des Broadway Theaters !

CALENDRIER DES MANIFESTATIONS

Janvier : WOLLMAN RINK. Patinage sur glace dans Central Park. De fin octobre à mi-mars. **https://wollmanrinknyc.com**

Janvier - février : RESTAURANT WEEK, BROADWAY WEEK, NYC HOTELS WEEK. Deux fois par an, certains restaurants, théâtres et hôtels proposent des prix très avantageux !

www.nycgo.com>Restaurant Week/Broadway Week/NYC Hotels Week

Avril : EASTER PARADE. Dimanche de Pâques, défilé en costume le long de la 5th Avenue !

https://fr.nycgo.com/events/easter-parade-and-easter-bonnet-festival1

CHERRY BLOSSOM ET SAKURA MATSURI FESTIVAL. Fin avril, au jardin botanique de Brooklyn, fête des cerisiers en fleur et de la culture japonaise ! **www.bbg.org**

Juin : NYC PRIDE WEEK. Le dernier dimanche de juin, parade des communautés LGBTQIA+ le long de la 5th Avenue !

www.nycpride.org

RIVER TO RIVER FESTIVAL. Dix jours de spectacles et concerts gratuits dans Lower Manhattan.

https://lmcc.net/river-to-river-festival

Juin - juillet 2e édition :

RESTAURANT WEEK. BROADWAY WEEK. NYC HOTELS WEEK.

Juillet - août : 4TH OF JULY. Fête nationale et feux d'artifice.

www.macys.com/s/fireworks

SHAKESPEARE IN THE PARK. Théâtre et comédies musicales dans Central Park. Accès libre et gratuit. **https://publictheater.org**

CINÉMA EN PLEIN AIR. Projections à Prospect Park. Accès libre et gratuit. **www.nycgovparks.org**

Octobre : HALLOWEEN PARADE. Le 31 octobre.

https://halloween-nyc.com

Novembre : NEW YORK CITY MARATHON. 1er dimanche, marathon dans tout New York. **www.nyrr.org/tcsnycmarathon**

MACY'S THANKSGIVING PARADE. 4e jeudi.

www.macys.com/social/parade

Décembre : MADISON AVENUE ET DYKER HEIGHTS. Décorations de Noël. **www.dykerheightschristmaslights.com**

ALOOORS...

SE RÉGALER

À L'AMÉRICAINE

Pizza, burger, bagel et compagnie... Pour un voyage réussi, rien de mieux que de profiter des spécialités locales ! Si la cuisine américaine n'est pas réputée pour son raffinement, ses classiques resteront toujours réconfortants.

PIZZA SLICE

SCARR'S

On aime les pizzas de Scarr's pour leur pâte fine, cuisinée à base de farine fraîchement moulue, leur usage généreux d'huile d'olive et leur basilic frais. Petite pizzeria à la décoration rétro : il faut s'attendre à faire la queue et, comme tout New-yorkais, à prendre à emporter !

Lower East Side
22 Orchard Street, Manhattan
www.scarrspizza.com
@scarrspizza
Slice 4-5 $

BAGEL AU SAUMON

RUSS & DAUGHTERS

Russ & Daughters est une véritable institution du bagel. Il faudra être patient avant de pouvoir composer le sien et choisir parmi un large choix de saumons et *cream cheese* ! Un grand classique qui vaut le détour.

East Village, Brooklyn Navy Yard
179 East Houston Street, Manhattan (plusieurs adresses à New York)
www.russanddaughters.com
@russanddaughters
16 $ le bagel
Fermé un lundi sur deux

DINER EXPERIENCE

COURT SQUARE DINER

Pousser la porte de ce *diner* au look incomparable, c'est s'assurer un bon dîner. Ou déjeuner. Ou petit-déjeuner. Servi 24/24 depuis 1946, avec des options véganes testées et approuvées ! Les choix de la carte sont infinis et le look parfaitement rétro dans ce quartier de plus en plus prisé.

Long Island City
45-30 23rd Street, Queens
https://courtsquarediner.com
#courtsquarediner
Cheeseburger 9 $, sandwich 7-15 $, dessert 6 $

CHEESEBURGER

JG MELON

Ce pub, ouvert depuis 1972, prépare des burgers à l'américaine avec *pickles on the side* (cornichons et oignons). Le pain est moelleux, le bœuf haché parfaitement cuit et les frites ne sont pas en reste. Avec un service à l'ancienne, c'est un resto connu pour accueillir stars et politiciens.

Lenox Hill
1291 3rd Avenue, Manhattan
https://jgmelon-nyc.com
@jgmelon_nyc
Cheeseburger 14 $, Cash only

FRIED CHICKEN

TIKI CHICK WORLD

Le poulet frit est un incontournable aux États-Unis. Chez Tiki, on l'apprécie pour son goût et... son prix ! Les sandwichs de poulet frit y sont frais, croustillants et très abordables. Leur sandwich falafel réjouira les amis végétariens.

Upper West Side
517 Amsterdam Avenue, Manhattan
www.tikichick.com
@tikichickworld
Sandwich 5 $

PASTRAMI SANDWICH

KATZ'S DELICATESSEN

Les Américains s'y réfèrent souvent comme LE meilleur sandwich pastrami du monde. Avec sa quantité indécente de viande, sa moutarde et l'inévitable cornichon, c'est le *must try* de la ville.

East Village
205 East Houston Street, Manhattan
https://katzsdelicatessen.com **@katzsdeli**
Sandwich à partager 26 $

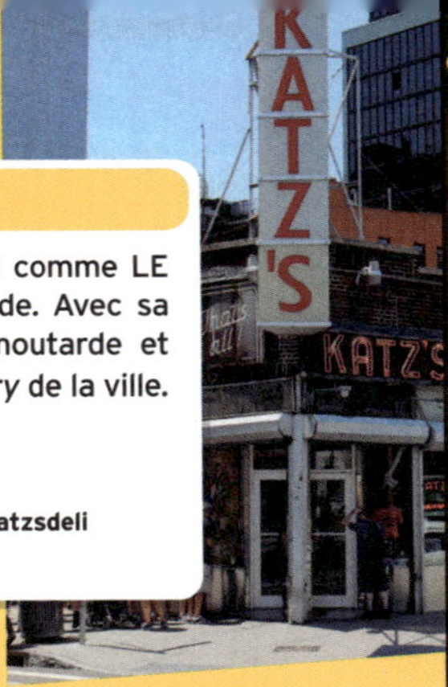

BRUNCH TIME

BUBBY'S

Bottomless mimosas en main, en lendemain de soirée ou simplement pour se la jouer *Sex and the City*... Ça sera le repas de la journée ! Spécialisé dans les brunchs et les pancakes, Bubby's est l'endroit où manger de 8h à 14h.

Tribeca
120 Hudson Street, Manhattan
www.bubbys.com
@bubbys
Plat 19-27 $, pancakes 23 $
Fermé le 25 décembre

FUN FACT

À VOS SPATULES... PRÊTS... PARTEZ !

À New York, chaque spécialité est revendiquée par des enseignes qui se vantent de leur savoir-faire exceptionnel : donuts, bagels, hamburgers, pizzas... Ainsi, la course à la meilleure pizza slice est lancée. Sauce, épaisseur de pâte, cuisson, taille : tout est bon pour se démarquer !

MELTING POT CITY

Ville historique d'immigration et de multiculturalisme (on y parle plus de 200 langues), New York est réputée pour la diversité des cuisines qu'elle propose. On en fait le tour !

QUARTIER INDIEN

ANGEL

En plein dans le quartier indien, ce petit restaurant qui ne paie pas de mine sert une cuisine délicieuse. Mention spéciale pour le thé chai, le samoussa *chat*, le *chana masala* et le *biryani*. Ici, tout est végétarien et fort en épices !

Jackson Heights
https://angelindianny.com
Plat 15-17 $
7414 37th Road, Queens
@angel_indian_restaurant
Fermé le lundi

TRATTORIA ITALIENNE

LILLO CUCINA ITALIANA

Petit restaurant modeste et intime, Lillo est pourtant reconnu comme l'un des meilleurs italiens de la ville. Cuisine authentique et abordable : ne passez pas à côté de leurs raviolis au citron !

Cobble Hill
https://lillobrooklyn.com
Plat 13-16 $, pâtisserie 2-5 $
331 Henry Street, Brooklyn
@lillocucina
Fermé le lundi, cash only

FISH TACOS

LOS MARISCOS

Au pied du Chelsea Market et de la High Line, ce petit restaurant de tacos est aussi un bar à cocktails à l'ambiance musicale endiablée. Les tacos y sont abordables et délicieux, notamment l'*enchilada taco* à la crevette épicée. On n'oublie pas leur *ceviche* : à tomber.

Chelsea
www.losmariscos1.com
Taco 5 $
409 West 15th Street, Manhattan
@losmariscos1

UN AIR DE MÉDITERRANÉE

STAMATIS

Dans Astoria, quartier d'immigration grecque aux nombreux restos, cette taverne familiale est l'un des spots les plus anciens et reconnus. Sortent du lot : côtelettes d'agneau, poulpe, *saganaki* (fromage poêlé) et *horiatiki* (salade traditionnelle avec tomate, concombre, oignon, feta et olives). *Kali Oreksi !*

Astoria
https://stamatisrestaurant.net
Plat 17-28 $
29-09 23rd Avenue, Brooklyn
@stamatis.restaurant.astoria

RAVIOLIS UKRAINIENS

STREECHA

Au cœur de Little Ukraine, direction Streecha, une cantine de quartier reconnue pour ses énormes *pierogis* (raviolis de l'Europe de l'Est) fourrés à la viande, aux champignons ou à la pomme de terre. Réconfort assuré pour cette *comfort food* au prix imbattable !

Little Ukraine
@streecha
Fermé du lundi au jeudi
33 East 7th Street, Manhattan
Pierogis 6 $

JAPONAIS ET BIEN +

INDUSTRY CITY FOOD HALL

Implanté dans d'anciens entrepôts industriels, Industry City est un centre de design, réflexion et création proposant des espaces verts, de l'art, des boutiques locales et surtout un formidable *food hall* aux cuisines du monde ! Ne surtout pas manquer le village japonais et ses sushis.

Sunset Park
https://industrycity.com
Sushi rolls 6,50 $, curry 12 $
268 36th Street, Brooklyn
@industrycity

EUROPE DE L'EST

AGI'S COUNTER

Ce restaurant hongrois aux influences juives est ouvert pour tous les repas de la journée, en plus d'être une pâtisserie. Les spécialités : *leberkase* (pâté de porc, abricots rôtis et œuf frit sur un pain de pomme de terre), *palacsinta* (crêpes roulées) et une belle carte de vins hongrois.

Crown Heights
https://agiscounter.com
Plat 15-25 $, dessert 7-10 $
818 Franklin Avenue, Brooklyn
@agiscounter
Fermé le lundi et mardi

BURRITOS LOCAUX

ZARAGOZA

Dans cette toute petite échoppe (*bodega*), les énormes burritos sont servis au comptoir. Les viandes de la carte changent chaque jour selon les envies du chef. Les sauces y sont proposées à l'intérieur ou sur le dessus. Un régal local inconnu des touristes !

East Village
215 Avenue A, Manhattan
www.facebook.com/zaragozadeli
@zaragozanyc
Burrito 8-9 $

STEAKHOUSE

FOGO DE CHÃO BRAZILIAN STEAKHOUSE

Cette *steakhouse* brésilienne propose un buffet de viandes braisées. Le concept est simple : tant que le carton à côté de l'assiette est du côté vert, on revient vous servir ! Bon plan: le *gaucho lunch*, un copieux déjeuner brésilien à base de poisson fumé, viandes, soupes, salades, jus et plus encore.

Midtown
40 West 53rd Street, Manhattan (plusieurs adresses à New York)
https://fogodechao.com
@fogo
***Gaucho lunch* 18 $, buffet à volonté 49 $ le midi**

FOOD TRUCKS

Postés à tous les coins de rue, les food trucks de New York proposent hot-dogs, bagels, burgers, cafés ou encore plats cuisinés, qui sont devenus des classiques de la nourriture à emporter. Rapide, pas cher et sur le pouce, voici le top du top !

GYROS GRECS

KING SOUVLAKI

Avec une délicieuse et authentique cuisine grecque, ce food truck possède une forte réputation, et à raison ! Il propose des *gyros* (sandwichs grecs) fourrés à la viande, aux légumes, aux frites et à la sauce ainsi que des assiettes chargées aux brochettes braisées, légumes et riz... De quoi donner très faim.

Astoria
31st Street and 31st Avenue, Brooklyn
https://kingsouvlakinyc.com
@kingsouvlaki
Gyro 12 $, assiette 16 $

SANDWICHS ITALIENS

DISO'S ITALIAN SANDWICH COMPANY

Ces sandwichs à l'italienne rivalisent avec les *delis* de la ville et sont proposés entiers ou au demi (pour les plus raisonnables). Après le choix du pain vient celui de la garniture : prosciutto, salami, viandes, légumes, mozzarella... Ça croustille !

Midtown East, Financial District
46th Street and Park Avenue (lundi et jeudi), 46th Street and 6th Avenue (mardi et vendredi), Water Street and Old Slip (mercredi), Manhattan
https://disosnyc.com
@disosnyc
Sandwich 9-11 $
Fermé le samedi et dimanche

CRÊPES INDIENNES

NY DOSAS

Localisé au Washington Square Park. Ne laissez pas la queue vous décourager, c'est bon signe ! Spécialisé dans de croustillantes *dosas* (copieuses crêpes indiennes fourrées), avec options véganes, ce food truck est une des meilleures adresses du quartier.

Greenwich Village
50 Washington Square South, Manhattan
http://nydosas.com
@nydosas
Dosa 9 $
Fermé le samedi et dimanche

CHICKEN OVER RICE

THE HALAL GUYS

Les food trucks se sont spécialisés dans les *chicken or lamb over rice* (assiette de poulet ou d'agneau sur du riz aux épices). Rivalisé mais jamais égalé, le *chicken over rice* des Halal Guys mérite qu'on fasse la queue, qui s'étend parfois jusqu'au coin de la rue.

Midtown West
6th Avenue & West 53rd Street, Manhattan
https://thehalalguys.com @thehalalguys
Chicken over rice 13 $, sandwich 9 $
Ouvert jusqu'à 2h du matin

TACOS

BIRRIA-LANDIA NYC

Avec son menu ultra-limité (quatre choix seulement), ce truck doit son succès à la maîtrise de ses *beef tacos* (tacos au bœuf) et *birria tostadas* (viande marinée) simples, savoureux et réconfortants, à seulement 3 $ l'unité.

Williamsburg
491 Metropolitan Avenue, Brooklyn
https://birrialandia.com @birria_landia
Taco 3 $

FUSION ÉTHIOPIENNE

MAKINA CAFE

Avec ses saveurs qui fusionnent les cuisines érythréenne et éthiopienne, Makina Cafe propose d'excellents plats à la viande ou végés tout en faisant découvrir une cuisine trop peu mise à l'honneur. S'ils sont surtout à Long Island City, des trucks sont présents au pied du Rockefeller Center et à Brooklyn.

Long Island City
30-47 30th Street, Queens
https://makinacafenyc.com @makinacafe
Plat 14-16 $
Fermé le dimanche

BIRYANI BOWL

MYSTTIK MASAALA

Avec ses *bowls* de riz épicé et parfumé recouvert de viande en sauce et/ou de légumes, ce food truck indien promet des plats savoureux ultra-nourrissants. Ajoutez-y un *naan*, de la coriandre, de la sauce piquante ou du yaourt, et partagez le plat à deux au vu des quantités !

Midtown West
230 Park Avenue, Manhattan (plusieurs adresses à New York)
https://indianfoodny.com **@mysttikmasaala**
Biryani 16 $

PETITE DOUCEUR

LING'S FRESH MADE SWEET MINI CAKES

Ces petits gâteaux frits sont un régal sucré servi frais dans ce mini-camion en plein cœur de Chinatown. Les boulettes y sont vendues nature, ou bien recouvertes de lait concentré sucré, de chocolat, de *peanut butter* ou de miel à la noix de coco !

Chinatown **263 Canal Street, Manhattan**
15 boulettes 3 $

NEW YORK FOOD TRUCK ASSOCIATION

Les food trucks sont une chose sérieuse dans la ville et une profession à part entière. Il existe une association, la New York Food Truck Association (simple et efficace), qui recense tous les food trucks sur **https://nyfta.org.**

ASTUCE

Comment reconnaître un bon food truck ?
Les gens y font la queue, les prix ne sont pas exubérants et la nourriture a l'air fraîche et appétissante. Éviter les food trucks dans les quartiers trop touristiques.

NOURRITURE ASIATIQUE

La nourriture asiatique et chinoise s'est imposée dans la culture américaine jusqu'à l'émergence d'une nouvelle cuisine sino-américaine. Au-delà de Chinatown, la ville regorge de bonnes adresses asiatiques !

DIM SUMS

NAN XIANG XIAO LONG BAO

Pour des *dim sums* (raviolis hongkongais) colorés et délicieux, direction le Bronx. Leurs *soup dumplings* sont un régal, mais toute la carte est délicieuse et propose une cuisine authentique ou revisitée.

Flushing
39-16 Prince Street #104, Queens (plusieurs adresses à New York)
https://nanxiangxiaolongbao.com
@nanxiangsoupdumpling
Dim sums 11 $

SICHUAN

SO DO FUN

La nourriture du Sichuan, province du sud-ouest de la Chine, est réputée pour son goût épicé et relevé ! Les aubergines confites à l'ail sont incroyables, tout comme le *mapo tofu*. Les plats ne sont pas donnés mais les quantités sont généreuses.

Union Square
155 3rd Avenue, Manhattan
www.sodofun.com/gallery
#sodofunnyc
15-20 $ le plat

WONTONS

WHITE BEAR

Pour des *wontons* (raviolis chinois), direction *White Bear*, qui les sert farcis au porc et aux légumes avec une sauce épicée ou en soupe ! Et pour les plus grands fans, le restaurant les vend aussi surgelés à la centaine.

Flushing
135-02 Roosevelt Avenue, Queens
#whitebear
wontons 6-7 $

HOT POT

99 FAVOR TASTE

Cette fondue chinoise (*hot pot*) à volonté ultra-conviviale permet de déguster un large choix d'ingrédients cuits dans une sélection de bouillons placés au centre de la table, avec une grande variété de sauces. Une expérience savoureuse pour un excellent rapport qualité-quantité-prix !

Chinatown, Flushing, Borough Park
285 Grand Street, Manhattan
www.99favortaste.com
@99favortasteofficial
***Hot pot* à volonté 28 $**

BON ET PAS CHER

BITES OF XI'AN 56

C'est le bon plan du quartier, alors que tout y est cher. Ce restaurant chinois propose une large sélection de nouilles, mais surtout des *dumplings* géants au rapport qualité-prix imbattable. Grillés au porc, au poulet ou aux légumes, ils sont à déguster sur le pouce lors d'une journée bien remplie.

Midtown
60 West 56th Street, Manhattan
www.bitesofxian56th.com
#bitesofxian
6 raviolis géants 8 $, nouilles 9 $

NOUILLES À CHINATOWN

SUPER TASTE

Ce petit restaurant discret est pourtant très réputé à Chinatown, et à raison : le rapport qualité-prix est incroyable ! Si on l'admire pour ses boulettes de porc à la ciboulette, on aime aussi les nouilles au sésame ou, pour les végétariens, ses nouilles épicées aux échalotes.

Chinatown
www.noodle5888.com
Nouilles au sésame 6,50 $
26 Eldridge Street, Manhattan
#supertastenyc

TIBÉTAIN

CAFE HIMALAYA

Petit restaurant intime au nord de Chinatown, la nourriture y est pleine de saveurs et abordable. Les plats tibétains sont à la frontière de la nourriture chinoise et indienne. Tout est bon : les soupes y sont devenues un classique et il y a un vaste choix de plats végétariens.

Chinatown
https://cafehimalaya.weebly.com
Soupe 5 $, plat 10 $
78 East 1st Street, Manhattan
@cafehimalaya_nyc
Fermé le lundi

CHINATOWN DANS LE QUEENS ?? UN PEU D'HISTOIRE...

Si Chinatown est l'un des quartiers les plus connus, le meilleur de la nourriture asiatique se trouve aussi à... Flushing, dans le Queens ! S'y rendre est parfois un peu long, mais la nourriture vaut le trajet et reste bien moins chère qu'à Manhattan ou Brooklyn.

ADRESSES VÉGÉTARIENNES

Si de nombreux restaurants végétariens et végans sont présents à New York, les adresses les plus traditionnelles (*diners* et *steakhouses* par exemple) proposent rarement une option végétarienne sur la carte. Il est donc préférable de filer vers des restaurants spécialisés !

TOUT VÉGÉ

THE BUTCHER'S DAUGHTER

Franchise végétarienne bien implantée dans plusieurs quartiers. Ce restaurant, café et bar à jus propose petit-déjeuner, déjeuner, dîner et brunch les week-ends. Avec une décoration simple et chaleureuse, c'est l'adresse pratique de Manhattan ou Brooklyn.

Nolita, Williamsburg, West Village
19 Kenmare Street, Manhattan
www.thebutchersdaughter.com **@thebutchersdaughter_official**
Burger et sandwich 16-19 $, plat du soir 19-22 $, dessert 4-9 $

FANCY VÉGÉTAL

AVANT GARDEN

Pour une soirée *fancy* dans un restaurant un peu huppé, direction Avant Garden, bistronomique végétal. Les plats y sont bien présentés et copieux. La décoration très new-yorkaise donne une ambiance chaleureuse. Réservation conseillée !

East Village **130 East 7th Street, Manhattan**
www.overthrowhospitality.com/venues/avantgarden
@overthrowhospitality **Menu entrée-plat-boisson 55 $**

BAGELS

TOMPKINS SQUARE BAGELS

Des bagels... version végé ! Avec ses dix *cream cheese* végétaux et ses délicieux bagels, c'est la bonne adresse des végétariens et végans pour profiter de ce grand classique new-yorkais.

East Village **165 Avenue A ; 184 2nd Avenue**
http://tompkinssquarebagels.com **@tompkinssquarebagels**
***Cream cheese* bagel 3 $, ingrédient supplémentaire 0,50 $**

THE BURGER

SUPERIORITY BURGER

Trouver le meilleur burger de New York, c'est chercher une aiguille dans une botte de foin. Version végé ? C'est reparti... Si les burgers courent les rues, ceux de Superiority Burger ont unanimement été déclarés meilleurs burgers végans.

East Village
@superiorityburger
www.superiorityburger.com
Burger 6-9 $

PIZZA AU CITRON

FRENCHMAN'S DOUCH @ TIN BUILDING

Italian with a twist... Dans ce restaurant qui réinvente la cuisine italienne (comme sa burrata à la figue), la pizza au citron est définitivement sur la liste des inoubliables. Citrons confits, ricotta et parmesan : *mamma mia, here we go again* !

Seaport
96 South Street, Manhattan
www.tinbuilding.com/restaurants
@tinbuilding
Pizza 18 $

TACOS AU VERT

BAR VERDE

Fondé par le chef Matthew Kenney, il propose des tacos sophistiqués et inventifs, avec des recettes à l'ananas fumé, salsa enchilada et oignon vert, ou encore à la pomme de terre, chou, *salsa roja*, crème de noix de cajou et avocat. Avec des chips de plantain et des desserts ultra-gourmands : miam !

Bowery
65 2nd Avenue between 3rd and 4th Street, Manhattan
https://barverdenyc.com
@barverdenyc
Tacos 15 $, brunch 18 $ + *bottomless mimosas* 20 $
Fermé le lundi

RAVIOLIS CHINOIS

SPICY MOON

Les plats typiques du Sichuan deviennent végés chez Spicy Moon, petit restaurant très animé près de Washington Square. Mention spéciale pour les *wontons* aux champignons et aux légumes et les *buns*, petits pains fourrés et cuits à la vapeur. Service dans un bar-resto tamisé et *trendy*.

East Village
328 East 6th Street, Manhattan
www.spicymoonnyc.com
@spicymoonnyc
Wontons 10-11 $, bun 4 $

FAUSSE VIANDE, VRAI SANDWICH

SEITAN'S HELPER

Cette sandwicherie *queer* propose des recettes de « viandes » faites maison, comme le *Sexy Devil* à la dinde végétalienne, *jalapenos* marinés et choucroute sur foccacia. Le menu change chaque jour, mais la qualité reste la même.

Bushwick
2 Morgan Avenue, Brooklyn
https://seitanshelper.com
@seitanshelper
Sandwich 10-16 $
Fermé du lundi au mercredi

VEGGIE CHINATOWN

ORIGINAL BUDDHA BODAI KOSHER VEGETARIAN RESTAURANT

Dans Chinatown, dur dur d'être végétarien. À Buddha Bodai, l'intégralité du menu, qui reprend les classiques de la nourriture chinoise et asiatique, est végétarienne et végan, tout en proposant un déjeuner spécial à moins de 8 $ avec entrée, plat et riz.

Chinatown
5 Mott Street, Manhattan
www.buddha-bodai.com
@buddhabodai
Chaque plat 3,5-10 $, déjeuner 7,50 $

UNE BONNE DOSE DE SUCRE

Déguster son meilleur cheesecake, faire une pause goûter mémorable, dévorer les meilleurs cookies de Manhattan (rien que ça) : pour les amoureux du sucre, on vous explique !

DONUTS FÉERIQUES

PETER PAN DONUT & PASTRY SHOP

Sans aucune autre forme de procès… Le voici, LE meilleur donut. Tranquillement logé dans une pâtisserie aux allures de *diner*, l'enseigne régale locaux et touristes depuis plus de soixante ans. Les donuts y sont divins et très abordables.

Greenpoint
727 Manhattan Avenue, Brooklyn
www.peterpandonuts.com
@peterpandonut
Donut 2-3 $, café à partir de 1 $

COOKIES DIVINS

LEVAIN BAKERY

Moelleux, fondants, chocolatés… Les cookies de Levain ont tout à la fois et plus encore ! Impossible de choisir entre le classique *two chip chocolate chip*, le décadent *dark chocolate peanut butter chip* ou l'audacieux *dark chocolate peppermint*. Des cookies sans gluten sont aussi disponibles.

Upper West Side, Upper East Side, Noho, Harlem et Williamsburg
167 West 74th Street, Manhattan
https://levainbakery.com **@levainbakery** **Cookie 5 $**

NOIR ET BLANC

WILLIAM GREENBERG DESSERT

Les cookies moelleux recouverts de glaçage noir et blanc sont des délices typiques de l'Upper East Side. Direction William Greenberg, où ils sont vendus à la paire pour les petits ou à l'unité pour les grands, de quoi remplir le ventre de chacun.

Upper East Side
1100 Madison Avenue, Manhattan
https://wmgreenbergdesserts.com
@wgbergdesserts
Les deux petits 2 $, le grand 4 $

CHEESECAKE

JUNIOR'S RESTAURANT & BAKERY

Surdose de sucre en vue... Bon courage pour finir ta part de cheesecake tout seul chez Junior's ! Ce restaurant décoré dans le plus pur style américain te fera tourner la tête (si tu regardes trop longtemps les néons). Un cheesecake vanillé, épais et crémeux t'attend...

Midtown
1515 Broadway West 45th Street, Manhattan
www.juniorscheesecake.com/blog/restaurants/times-square
@juniorscheesecake
Cheesecake 8 $ (à partager)

SANDWICH GLACÉ

ODD FELLOWS

Pourquoi se contenter d'une glace ou d'un cookie quand on peut avoir les deux ? Les *ice-creams sandwiches* sont chez Odd Fellows, glacier cool de Brooklyn où les parfums changent chaque jour. Cerise-miso, banoffee, thé glacé ou huile d'olive accompagnent les classiques : cookies & cream ou vanille.

Williamsburg, Greenpoint et Brooklyn Heights
40 River Street, Brooklyn
www.oddfellowsnyc.com
@oddfellowsnyc
***Ice-cream sandwich* 8,50 $**

MILKSHAKES ET SUNDAES

BROOKLYN FARMACY & SODA FOUNTAIN

Ancienne pharmacie des années 60, ce café spécialisé dans les milkshakes, crèmes glacées et *sundaes* semble tout droit sorti d'un film historique. En plus du cadre génial, on peut y déguster des milkshakes délicieux au parfum de glace au choix, ou choisir parmi la sélection de *sundaes* !

Carroll Gardens
513 Henry Street, Brooklyn
www.brooklynfarmacyandsodafountain.com
@brooklynfarmacy
Milkshake 9 $, sundae 8-16 $

COOKIE MI-CUIT

FUNNY FACE BAKERY

Difficile de dire ce qui rend ces *gooey cookies* si délicieux : leur texture unique de mi-cuit, leur tiédeur, leur léger goût de fleur de sel ou leur dose généreuse de chocolat… La boutique propose des biscuits colorés et rigolos, mais le traditionnel *gooey chocolate chip cookie* remporte la palme !

Financial District, Soho
6 Fulton Street, Manhattan
https://funnyfacebakery.com
@funnyfacebakery
Cookie 6 $
Fermé le dimanche

TARTES

PIES 'N' THIGHS

Cette bakery de Brooklyn est connue pour ses biscuits au poulet frit, miel et bacon. Néanmoins, elle réalise aussi d'excellentes tartes riches et crémeuses dans la plus pure tradition américaine : *apple pie, banana cream pie, bourbon pecan pie* ou encore tarte aux cerises et aux poires.

Williamsburg
166 South 4th Street, Brooklyn
https://piesnthighs.com
@piesnthighs
Part de tarte 6-8 $, biscuit au poulet 12 $

PAUSE CAFÉ

A coffee to go, please ! **Difficile d'arpenter New York sans une *cup* brûlante à la main. Les Américains sont devenus spécialistes des boissons caféinées et les déclinent sous toutes les formes (et toutes les tailles). Pas facile de choisir entre chaud ou glacé, classique ou aromatisé et surtout : saisonnier !**

SOHO GARDEN

DOMINIQUE ANSEL BAKERY

Ce café de renom est surtout connu pour ses pâtisseries ravissantes et délicieuses, mais sa boutique de Soho propose également un jardin dans sa cour intérieure. Calme et cosy, il suffit d'une table, d'un café, et c'est parti !

Soho
189 Spring Street, Manhattan
www.dominiqueanselny.com
@dominiqueansel
Boisson chaude 4-6 $, pâtisserie 4-7 $

CAPPUCCINO E ESPRESSO

CAFFE REGGIO

Avec sa devanture verte, impossible de rater cette adresse italienne bien connue. Incroyablement kitsch avec ses fausses toiles du Caravage (certains jurent de leur authenticité...), le café y est servi serré ou en cappuccino dans une atmosphère animée et chaleureuse. La carte variée permet d'y déjeuner.

Greenwich Village
119 MacDougal Street, Manhattan
www.caffereggio.com
@caffe_reggio
Espresso 3 $, cappuccino 4 $, sandwich 9,50 $

GRAND CLASSIQUE

STARBUCKS RESERVE ROASTERY

Passage obligé pour la chaîne de cafés américaine, bien installée à New York : il y en a à tous les coins de rue ! Un endroit se démarque : ce luxueux Starbucks sur plusieurs étages présente une décoration boisée et les différentes machines nécessaires à la fabrication du café.

Greenwich Village
61 9th Avenue, Manhattan
www.starbucksreserve.com
@starbucksreserve_newyork
Boisson chaude 4-9 $

PAUSE GOÛTER

BAKERI

Voilà un bon spot pour prendre un petit café après avoir fait les fripes à Williamsburg ! Lieu super cosy, décoré de papier peint fleuri et agrémenté d'une petite terrasse, on y boit des boissons chaudes accompagnées d'un grand choix de pâtisseries et de biscuits. En été, mention spéciale pour la limonade.

Williamsburg
150 Wythe Avenue, Brooklyn
www.bakeribrooklyn.com
@bakeribrooklyn
Espresso 3,50 $, pâtisserie 5 $, sandwich 12 $

CAFÉ FLEURI

CAFÉ-FLOR

Amoureux des plantes : bienvenue ! Loin du Café de Flore parisien, ce café fleuri à la décoration vintage et colorée est un lieu agréable pour une pause-café paisible après avoir visité les galeries de Chelsea. Bonus : c'est aussi un magasin de plantes !

Chelsea
218 8th Avenue, Manhattan
www.raulavilainc.com
@cafeflornyc
Cappuccino 4 $

SUR LE POUCE

MUD SPOT

MUS SPOT aka MUD est la version café d'un foodtruck dans l'East Village. Le café y est bon et la nourriture efficace, du goûter au dîner, avec petit-déjeuner en semaine et brunch le week-end. Avec un jardin couvert à l'arrière super sympa.

East Village
307 East 9th Street, Manhattan
www.mudnyc.com
@mudcoffeenyc
Café 4-5 $, petit-déjeuner 13-15 $, brunch 23 $
Cash only

CAFÉ-LIBRAIRIE CARITATIF

HOUSING WORKS BOOKSTORE

Caché au fond de cette jolie librairie dont les murs sont tapissés de bois, ce petit café est parfait pour y passer des heures de lecture caféinées. Les livres vendus sont des donations et les employés sont bénévoles : 100 % des profits du lieu sont dédiés à l'association Housing Works pour améliorer la vie des personnes vivant avec le VIH.

Nolita
126 Crosby Street, Manhattan
www.housingworks.org/locations/bookstore-cafe
@housingworks
Café 4 $

CAFÉ SACRÉ

BLUESTONE LANE

Dans la famille des Bluestone Lanes, je demande… l'Upper East Side Cafe ! Ce très bon café propose une atmosphère magnifique dans une chapelle d'église idéalement placée à deux pas des musées environnants et face à Central Park.

Upper East Side
1085 5th Avenue, Manhattan
https://bluestonelane.com/cafes
@bluestonelane
Café 4-6 $

SORTIR

BOIRE UN COUP

Si on est dans « la ville qui ne dort jamais », autant commencer par aller boire des pintes dans les meilleurs pubs, ou des *famous* cocktails ! Le chic : on a déniché toute une sélection de bars branchés et à petits prix.

ATMOSPHÈRE DÉLIRANTE

FORGTMENOT

Lieu authentique, atmosphère délirante et fun, boissons et nourriture à prix abordable : décidément, c'est un lieu qu'on n'est pas près d'oublier ! Bienvenue dans cet antre à la décoration loufoque, où les gens cool du quartier viennent boire des verres le soir. Clin d'œil aux délicieuses *margaritas*.

Chinatown
https://forgtmenot.order.online
Bière 7 $, verre de vin 8 $, cocktail 12 $
138 Division Street, Manhattan
#forgtmenotnyc

LOUNGE BAR

VERLAINE

À Chinatown, c'est l'endroit branché où aller boire des cocktails. Déco au top dans une ambiance confort et tamisée. Le martini au litchi est la spécialité du lieu et, jusqu'à 22h, on trinque à l'happy hour (elle est à 8 $) ! Pensez à venir tôt car à partir de 20h, le bar est bondé.

Chinatown
www.verlainenyc.com
Bière 5 $,
cocktail 12 $ (8 $ happy hour)
110 Rivington Street, Manhattan
@verlainenyc
Fermé le lundi

BAR À COCKTAILS

THE CACTUS SHOP

Ambiance et décoration mexicaine, en plein dans Williamsburg, on vient ici pour les cocktails, délicieux et inventifs. Sur le thème de la *cantina* mexicaine, il y a bien sûr un large choix de tacos qui viendra combler les petites faims !

Williamsburg
www.thecactusshopnyc.com
Tacos 17 $, cocktail 13-17 $
231 Kent Avenue, Brooklyn
@thecactusshopnyc
Fermé le lundi

GAY BAR
STONEWALL INN

Bar gay emblématique de New York, il s'agit d'un lieu historique où a été initié le mouvement pour les droits des homosexuels. Billard à disposition, drag shows... L'ambiance est chaleureuse et accueillante. Le must : une happy hour au top !

West Village
53 Christopher Street, Manhattan
https://thestonewallinnnyc.com/#new-page
@thestonewallinn
Bière 7 $, cocktails 12 $

COIN DES BOXEURS
JIMMY'S CORNER

Niché au beau milieu de Times Square et des Broadway Comedy Shows, ce bar est un petit joyau caché. Ambiance et décoration originales avec des portraits de boxeurs sur les murs. Lieu intimiste, prix tout doux ! Attention : peu de places assises.

Times Square
FB « jimmyscornernyc »
Bière 3 $
140 West 44th Street
#jimmyscorner
Fermé le dimanche

AMERICAN PUB
RUDY'S BAR AND GRILL

Voilà l'exemple du bar typiquement américain aux prix imbattables ! 3 $ pour une bière et un hot-dog gratuit : qui dit mieux ? Le lieu est petit et bondé le soir, mais l'ambiance est assurée, notamment grâce à sa petite cour extérieure.

Midtown West
https://rudysbarnyc.com
627 9th Avenue, Manhattan
@rudysbar
Bière 3 $

PUB RÉTRO-CHIC
BROOKLYN INN

Clairement l'un des bars les plus branchés, stylés et *old school* de la ville. Avec ses hauts plafonds, ses petites salles, ses vitraux, son billard et son bar en bois, le lieu est définitivement intimiste et agréable. Le comble : les boissons ne sont même pas hors de prix !

- Boerum Hill
- 148 Hoyt Street, Brooklyn
- FB « The Brooklyn Inn »
- #brooklyninn
- Cocktail 11 $

BAR À VIN
BLACK MOUNTAIN WINE HOUSE

Nostalgique de la France, mais amoureux de Brooklyn ? Voici le lieu parfait. Ici, on est comme à la maison dans une des *houses* typiques du quartier et on y boit du vin autour de braseros sur la terrasse. Large choix de fromages dans un lieu raffiné.

- Carroll Gardens
- 415 Union Street Ground Floor, Brooklyn
- www.blkmtnwinehouse.com
- @blkmtnbk
- Verre de vin 13 $

JAZZ CLUBS

Bien que né à La Nouvelle-Orléans, puis passé par Chicago, c'est bien à New York que le jazz s'épanouit depuis les années 30. D'où de très beaux lieux, bars à jazz ou salles de spectacle où se laisser hypnotiser par des cuivres et des voix envoûtantes !

JAZZ DU MARDI SOIR

MONA'S

Bar à l'ambiance décontractée, Mona's propose tous les mardis soir des improvisations de jazz et, tous les lundis, du bluegrass (musique country). L'entrée est gratuite et les boissons ne sont pas chères. La musique ne commence pas avant 22h et finit aux petites heures.

- East Village
- 224 Avenue B, Manhattan
- FB monasbarnyc
- #mona'sbar
- Bière 7 $, verre de vin 7 $

MUSIQUE DÉLICIEUSE

BARBÈS

Barbès doit son nom au quartier parisien, amené par deux Français qui ont fondé le lieu. Moitié bar et moitié salle de concert, le lieu réunit l'élégance française et la *cool attitude* américaine. Accordéoniste portugais, musique country ou du monde entier : les musiciens sont merveilleux !

- Park Slope
- 376 9th Street, Brooklyn
- www.barbesbrooklyn.com
- @barbesbrooklyn
- Entrée prix libre, verre de vin 12 $

SCÈNE LOCALE

JALOPY

Cette taverne fréquentée par des gens du quartier, à l'ambiance hipster, est un lieu adorable. Les boissons sont à un prix raisonnable, et il y a une petite salle de spectacle qui présente souvent de la musique live sans frais supplémentaires.

- Carroll Gardens
- https://jalopytavern.biz
- 317 Columbia Street, Brooklyn
- Bière 5 $, verre de vin 6 $
- @jalopy.tavern
- Fermé le lundi

SPEAKEASY DES 20'S

COBY CLUB

Bar lounge à la décoration sombre et romantique, tapissé de velours, il y a du jazz tous les soirs de 21h à 23h pour transporter les clients dans les années 20 ! Comme à l'époque : réservation nécessaire, mais pas de mot de passe.

- Midtown
- www.cobyclubnyc.com/about-us
- Cocktail 17 $, verre de prosecco 11 $
- 156 1/2 7th Avenue, Manhattan
- @cobyclubnyc
- Fermé le dimanche et lundi

AVANT-GARDE MUSICALE

THE STONE

Fondé par le légendaire John Zorn, The Stone est une salle de spectacle où se rencontrent jazzmen et étudiants en jazz de la New-School. Ici, le jazz est chose sérieuse : il n'y a pas de boisson servie et il n'y sera pas bien vu de discuter. Avant-garde : c'est un lieu pour les connaisseurs !

- Midtown
- http://thestonenyc.com
- Entrée 20 $
- 55 West 13th Street, Manhattan
- #thestonejazzclub
- Concert du mercredi au samedi à 20h30

PARADIS DU JAZZ

EAR INN

Niché dans un bâtiment historique vieux de 200 ans. Des musiciens y jouent du jazz merveilleusement bien tous les dimanches soir ! Pensez à venir une heure en avance pour avoir une table. Et ça tombe bien, le restaurant est tout aussi réputé !

- West Village
- 326 Spring Street, Manhattan
- http://www.theearinn.com/music-schedule
- #earinn
- Burger 17 $, cocktail 15 $, bière 9 $
- Jazz le dimanche soir

TEMPLE DU JAZZ

VILLAGE VANGUARD

Ouverte en 1935, cette salle de jazz mythique est connue pour avoir accueilli les plus grands, parmi lesquels John Coltrane, et continue d'y présenter une très belle sélection de musiciens. Un incontournable pour tout amateur de jazz ! La note est malheureusement un peu salée...

Greenwich Village
178 7th Avenue, Manhattan
https://villagevanguard.com
@vanguardjazz
Entrée 40-60 $

COSY ET ROMANTIQUE

ST MAZIE

Ce bar, qui fait aussi salle de concert, est idéal pour un *date* romantique. La nourriture est délicieuse, avec réservation d'une table en ligne pour un concert au choix. Musique tous les soirs et ambiance assurée !

Williamsburg
345 Grand Street, Brooklyn
www.stmazie.com
@stmazie
Entrée 18 $, plat 15 $, bière 8 $, cocktail 14 $

PLAYLIST

New York a été l'objet d'inspiration pour des musiciens de jazz aussi connus que Frank Sinatra et Louis Armstrong, par exemple. Voici une playlist avec des musiques célébrant « *the greatest city in the world* » : *Autumn In New York, Christmas Night in Harlem, Drop Me Off in Harlem, How About You?* ou encore *Manhattan !*

ON (ROOF)TOP OF THE WORLD

Les rooftops se déclinent à tous les étages ! Cantines en plein air, piscines, patinoires, brunchs ou bars à cocktails huppés : grosse ambiance ! Pour passer un moment détente, il faut prendre de la hauteur…

Astuce : l'accès est souvent libre, mais il est fréquent de faire la queue. Il vaut mieux réserver !

LA TÊTE LA PREMIÈRE

LE BAIN

C'est le rooftop à la mode et c'est mérité. Vue incroyable (notamment au coucher du soleil), ambiance de club, piscine en été et cabane à crêpes sur le toit. Installé sur deux étages, Le Bain est tout ce qu'un rooftop doit être. Accès libre ou table sur réservation.

Meatpacking District
www.lebainnewyork.com
@lebainnyc
The Standard, High Line, 848 Washington Street, Manhattan
Cocktail 16 $, crêpe 5-7 $
Fermé le lundi et le mardi

COMME À MIAMI

THE SUMMER CLUB

En été, direction The Summer Club, rooftop aux airs de Miami et Las Vegas. Chaises longues, parasols et piscine, quoi de plus rafraîchissant durant une chaude journée d'été ? Manger y est un peu cher, donc on se satisfait d'un cocktail sur un transat avant de piquer une tête !

Long Island City
www.thesummerclubnyc.com
Cocktail 18 $
8-08 Queens Plaza South, Queens
@summerclubnyc
Ouvert de mai à septembre

MARGARITAS & CO

CANTINA ROOFTOP

À la Cantina, la vue est aussi gourmande que le menu. Restaurant mexicain à la déco colorée, ce rooftop propose tacos, enchiladas, brunch et cocktails. Leur *Big Ass Taco* à partager nourrit une tablée (ou presque), et leurs *spicy* et *smoky margaritas* finissent le programme en beauté.

Hell's Kitchen
605 West 48th Street, Manhattan
www.cantinarooftop.com
@cantinarooftop
Trio de tacos 20 $, Big Ass Taco 80 $, Cocktail 16 $
Fermé le lundi

LE PLUS GRAND

230 FIFTH

Avec sa terrasse de mille places, sa pelouse et ses longues tables, c'est le plus grand rooftop à ciel ouvert de la ville. La vue sur l'Empire State Building y est dingue. Même si beaucoup y viennent pour les cocktails, il a également construit sa réputation autour de son brunch en illimité.

Downtown South
www.230-fifth.com
230 5th Avenue, Manhattan
Cocktail 14-17 $, brunch 45 $
@230fifthrooftop
Ouvert toute l'année

OH MANHATTAN

ROOFTOP93

Avant ou après un show sur Broadway, direction Rooftop93, petit rooftop moins connu de Chinatown qui a l'avantage d'avoir une des plus belles vues sur Manhattan, entre petits immeubles en brique et gratte-ciel illuminés.

Chinatown
93 Bowery, Manhattan
https://www.rooftop93.com
@rooftop93
Cocktail 13-18 $, bière 10 $
Fermé le lundi et mardi

INOUBLIABLE

TOP OF THE STRAND

Considéré comme un des meilleurs rooftops de NYC : la vue imprenable vient à un certain coût... celui de l'attente. Avec son toit en verre rétractable, c'est une destination idéale pour une vue d'exception sur l'Empire State Building et les gratte-ciel, peu importe la saison.

Midtown
33 West 37th Street, Manhattan
www.topofthestrand.com
@topofthestrand
Cocktail 15-18 $, bière 10-14 $
Fermé le lundi, mardi et mercredi

ENGLISH PUB

BRASS MONKEY

Ce rooftop est surtout un pub aux allures de *beer garden* peu prétentieux et très chaleureux. Avec son toit qui ouvre la vue sur le quartier bobo de Chelsea et la High Line, son service toute la journée et son brunch le week-end, l'ambiance y est toujours au (roof)top.

- Chelsea
- 55 Little West 12th Street, Manhattan
- https://brassmonkeynyc.com
- @brassmonkeynyc
- Bière 7-8 $, cocktail 15 $

LUXE AU RITZ

NUBELUZ

Cette nouvelle adresse ouverte au 50e étage du Ritz-Carlton vaut le détour. Rooftop luxueux dirigé par le chef José Andrés, ce magnifique spot propose une carte de cocktails réinventés dans un cadre à la décoration design. Et bien sûr, quelle vue !

- NoMad
- 25 West 28th Street, Ritz-Carlton NoMad, 50th floor, Manhattan
- www.nubeluzbyjose.com
- @nubeluzbyjose
- Cocktail 20-30 $
- Fermé le lundi, mardi et mercredi.
- Dress code demandé.

TOUT UN VILLAGE

WESTLIGHT

Ce beau rooftop de Brooklyn associe l'ambiance du bar à cocktails à celle d'un restaurant huppé pour être délicieusement plongé dans l'ambiance bobo de Williamsburg. Super bonus : s'y installe chaque hiver un village de Noël, avec fondue, chalets et patinoire sur le toit !

- Williamsburg
- 111 North 12th Street 22nd Floor, Brooklyn
- www.westlightnyc.com
- @westlightnyc
- Cocktail 18-25 $

C'EST PARTI POUR LE SHOW !

New York, c'est bien sûr la ville des comédies musicales, de la musique et des arts de la scène. Voici une sélection de bons plans pour profiter au mieux de cette vie nocturne spectaculaire sans y laisser son porte-monnaie !

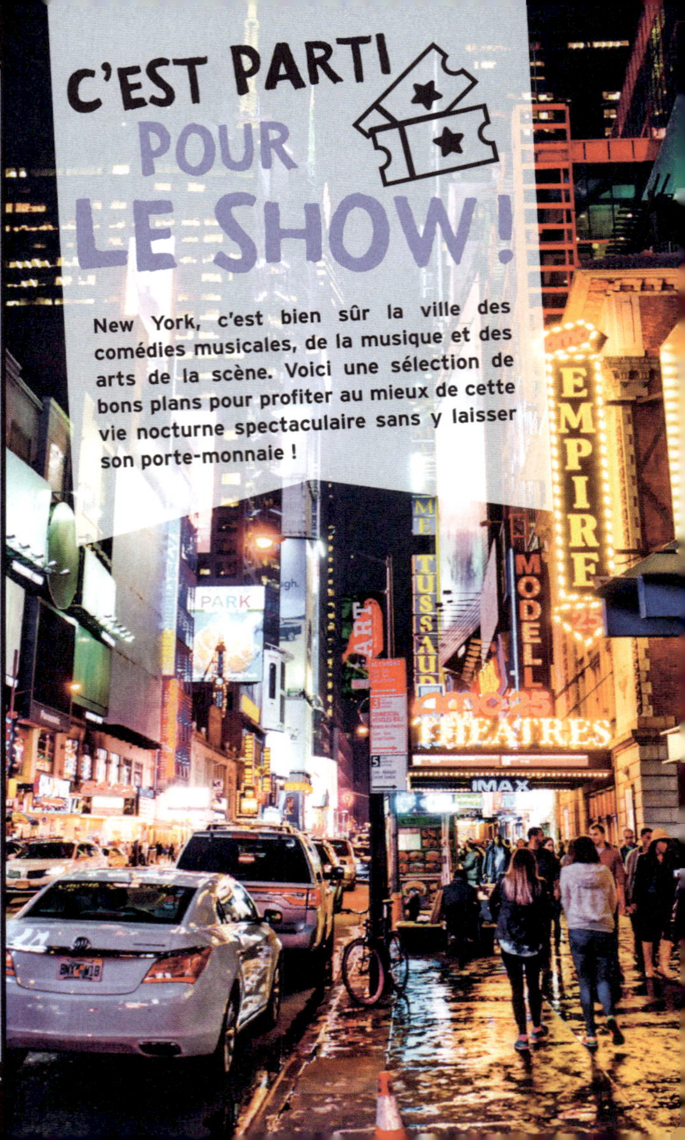

SHOW FOR ALL

PUBLIC THEATER

Très célèbre, le Public Theater a pour ambition de démocratiser le théâtre, notamment par le biais de la comédie musicale et de programmes de «théâtre pour tous» pour lutter contre la discrimination. L'été, il organise *Shakespeare in the Park*, pièces de théâtre en plein air dans Central Park. Premier arrivé, premier servi.

Noho
425 Lafayette Street, Manhattan
https://publictheater.org
@publictheaterny
Étudiant 32 $, dernière minute 35 $, théâtre en plein air gratuit

SPECTACLE VIVANT À BROOKLYN

BROOKLYN ACADEMY OF MUSIC

Magnifique salle décorée de dorures et de velours rouges, où les spectacles sont de qualité : théâtre, danse, musique ou même cinéma. Alerte bon plan étudiant : les tickets de dernière minute sont à 12$.

Clinton Hill
321 Ashland Place, Brooklyn
www.bam.org/visit#/BAM-Fisher
@bam_brooklyn
Rush ticket 12 $ (sur présentation d'une carte étudiante)

ÉTUDIANTS PRODIGES

THE JUILLIARD SCHOOL

C'est LE bon plan pour assister à des shows gratuits ou peu chers. Fameuse école de musique et d'arts vivants réputée à l'international, on peut assister à des performances d'étudiants dignes d'être professionnels, ou bien à divers concerts, spectacles de danse ou théâtre pour quelques dollars.

Upper West Side
60 Lincoln Center Plaza, Manhattan
www.juilliard.edu/stage-beyond/performance/calendar
@juilliardschool
Gratuit, certaines performances 10 $

DRAG SHOW
INDUSTRY BAR

Lieu incontournable de la culture *drag and queer*, Industry Bar présente tous les jeudis des spectacles de drag queens qui valent le détour ! D'autres shows tout aussi cool ont lieu les autres jours de la semaine. Une déco new-yorkaise multicolore pour un bar ultra-canon !

Midtown
355 West 52nd Street, Manhattan
www.industry-bar.com
@industrybarnyc
Entrée gratuite, cocktail 12-15 $
Cash only (ATM à l'intérieur)

CONCERT MYTHIQUE
CARNEGIE HALL

Lieu emblématique, le Carnegie Hall propose un registre de concerts allant du classique au populaire. On aime la beauté du bâtiment, son architecture et son histoire ! Pour tout artiste new-yorkais, Carnegie Hall est une consécration, comme l'Apollo Theater…

Midtown
57th Street and 7th Avenue, Manhattan
www.carnegiehall.org
@carnegiehall
Rush tickets 10 $, plein tarif 50-100 $

COMEDY SHOW
THE GAF WEST

C'est le spot idéal pour aller assister à un stand up gratuitement ! Tous les jeudis soir, le Bomb Shelter Comedy Show rassemble au sous-sol du bar de 20h à 22h des humoristes, dont certains, connus, sont passés par exemple par Comedy Central, The Late Show, Conan, Netflix…

Midtown
www.gafwest.com/events
Entrée gratuite, bière 7 $
401 West 48th Street, Manhattan
#thegafwest
Comedy show jeudi soir à partir de 20h

COMÉDIES MUSICALES A TIMES SQUARE

ASTUCES ET BONS PLANS POUR UN PRIX DÉCENT

Le prix des billets pour les comédies musicales de Broadway peut être exorbitant et atteindre rapidement les centaines de dollars. Pour tenter de trouver une place à moins de 50$, c'est possible, mais il faut être patient et flexible ! Voici trois solutions :

1 FAIRE LA QUEUE POUR LES RUSH TICKETS

En se rendant au guichet du spectacle qui vous intéresse, on peut obtenir chaque jour des billets de dernière minute pour le soir même. Chaque personne peut retirer deux billets maximum. La billetterie ouvre à 10h (12h le dimanche) et il faut s'y rendre 1h30 à 2h avant, car premier arrivé, premier servi !

2 GAGNER À LA LOTERIE DES BILLETS DE BROADWAY

Chaque spectacle de Broadway organise une loterie, soit en ligne, soit sur place, quelques heures avant le début du spectacle. Prix au rabais jusqu'à moins 85 %, deux billets maximum par demande.

3 SE RENDRE CHEZ TKTS POUR AVOIR DES BILLETS MOINS CHERS

Le jour même, se rendre au kiosque TKTS pour des billets à moins 50 %. Il y a deux kiosques : celui à Times Square et celui à Lincoln Center. Téléchargez l'application TKTS pour savoir où sont vendus les spectacles qui vous intéressent. Bon plan : le kiosque à Lincoln Center est beaucoup moins fréquenté.

BON À SAVOIR :
le site www.todaytix.com permet de trouver des *rush tickets* et des loteries en ligne !

DANSER

DANS LA VILLE QUI NE DORT JAMAIS

I wanna dance with somebodyyy... Vous l'avez peut-être deviné, ce ne sont pas les night-clubs qui manquent à NYC ! Du meilleur de la techno aux shows déjantés de Brooklyn, c'est parti pour une nuit de folie ! Ne pas oublier votre ID qui prouve que vous avez plus de 21 ans, pour éviter d'être recalé à l'entrée...

LE CLUB
FAIT LE SHOW

PARAGON

Pour un club esthétique avec ses nombreux balcons, son sol à damiers mythiques et ses néons, direction l'ultra stylé Paragon. Les DJ sets prennent place dans une ambiance artistique toujours au top.

Bushwick
https://ra.co/events/1634786
Entrée 20 $
990 Broadway, Brooklyn
@paragonbroadway
Fermé du dimanche au mercredi

HOUSE OF TECHNO

BOSSA NOVA CIVIC CLUB

Contrairement à ce que son nom laisse entendre, pas de musique brésilienne ici, mais bien le meilleur de la musique techno avec la jeunesse stylée et excentrique new-yorkaise. Un des meilleurs clubs, tout simplement.

Bushwick
1271 Myrtle Avenue, Brooklyn
http://bossanovacivicclub.com
@bossanovacivicclub
Entrée gratuite en semaine, week-end 15 $

3 SALLES,
3 AMBIANCES

ELSEWHERE

Aucune envie d'être ailleurs quand on est à Elsewhere. Avec ses scènes de musique live sur trois étages et son rooftop, ce club rassemble tous les éléments pour concocter un cocktail déjanté (ça tombe bien : ils en servent).

East Williamsburg
599 Johnson Avenue, Brooklyn
www.elsewherebrooklyn.com
@elsewherespace
Entrée 20 $
Fermé du dimanche au mardi

ON DIT OUI !

HOUSE OF YES

Nuits disco, shows burlesques, *dirty circus*, boule à facettes géante ou tout à la fois ! Dans une ambiance absolument délirante, House of Yes est un night-club unique à l'ambiance positivement explosive.

Bushwick
2 Wyckoff Avenue, Brooklyn
www.houseofyes.org
@houseofyesnyc
Jusqu'à 40 $ selon les événements
Fermé le lundi et mardi

RÊVE LUCIDE

MOODRING

Ambiance onirique dans ce bar qui propose un cocktail pour chaque signe astro du mois. Avec son night-club, Moodring présente une scène locale toujours renouvelée : DJ sets, open mics, concours de talents et concerts qui envoient flotter vers les étoiles.

Bushwick
1260 Myrtle Avenue, Brooklyn
www.moodringnyc.club
@moodringnyc
Entrée gratuite ou 10-15 $ selon les événements, boisson 7-13 $

CRÈME DE LA CRÈME
GOOD ROOM BK

Fondé par des *music lovers* pour des *music lovers*, Good Room associe l'ambiance du bar traditionnel de Brooklyn à celle d'un night-club qui vaut le détour. Avec ses DJ sets pointus et sa boule disco mythique, c'est un super club dans un super quartier. Qu'est-ce qu'on attend ?

Greenpoint
98 Meserole Avenue, Brooklyn
http://www.goodroombk.com
@goodroombk
Entrée 15-20 $
Fermé du dimanche au jeudi

TACOS ET DJ SET
BLACK FLAMINGO

Ne vous laissez pas tromper par l'ambiance de jazz bar ultra-design de ce club qui est au sous-sol. Avec sa carte très abordable, c'est aussi une des meilleures *taqueria* de la ville, pour de délicieux tacos entre deux danses endiablées !

Williamsburg
168 Borinquen Place, Brooklyn
www.blackflamingonyc.com
@blackflamingonyc
Entrée 10 $, taco 4 $, bière 6 $, champagne 6 $
Fermé du dimanche au jeudi

RAVE VIBES
BASEMENT NY

Ambiance rave berlinoise et *trash* à Basement, qui est littéralement un sous-sol au fin fond de Queens. Avec son ambiance de festival techno européen, c'est un club inimitable. Photos et vidéos interdites, on éteint et on profite !

Flushing
52-19 Flushing Avenue, Queens
https://basementny.net
@basementnewyork
Entrée 15 $, pas de vente en ligne
Fermé du dimanche au jeudi

J'TE L'AVAIS DIT.

CHINER

LE MEILLEUR DES FRIPES

****

À la recherche de jeans Levi's délavés, de lunettes vintage, de polos Ralph Lauren et de bottes de cow-boy pour quelques sous ? Voici une sélection des meilleures fripes pour un style 100 % new-yorkais !

THE fripe à ne pas manquer

L Train Vintage

Amateurs de friperies : voici le magasin parfait. Nichée dans un ancien entrepôt, cette boutique propose des vêtements typiquement vintage et de seconde main, classés par catégories et couleurs. Le choix est large, les matières sont de qualité et les prix battent toute concurrence !

Gowanus **654 Sackett Street, Brooklyn (plusieurs adresses à New York)**
https://www.ltrainvintagenyc.com/new-page-64
@ltrainvintage **Chemise 5 $, robe 6-10 $ manteau 30 $**

Emmaüs américain

Goodwill

Goodwill est une association créée pour aider les personnes en difficulté à trouver du travail, notamment par la vente de vêtements. C'est une des fripes les moins chères de New York où les bonnes trouvailles sont aléatoires et où il faut fouiller pour trouver son bonheur.

Boerum Hill
https://goodwillnynj.org
@goodwillintl
258 Livingston Street, Brooklyn (plusieurs adresses à New York)
Chemise 5 $, robe 6 $, manteau 10 $

Fripe arc-en-ciel

Beacon's Closet

On y trouve des vêtements de tout style et de toute qualité, triés par dégradés de couleurs. Les prix, à partir de la douzaine de dollars, peuvent valoir le coup lorsque l'on déniche la perle perdue au milieu de cette malle aux trésors !

Williamsburg
https://beaconscloset.com
74 Guernsey Street, Brooklyn
@beaconscloset **Minimum 12 $**

Vintage chic

10 ft Single by Stella Dallas

De passage à Williamsburg ? L'adresse vaut vraiment le détour avec sa grande collection de vêtements vintage en bon état. L'espace est bien organisé et la sélection de qualité. Un bel endroit pour du *old school* et de la seconde main de luxe.

Williamsburg
FB « stelladallasNYC »
T-shirt 35 $
285 North 6th Street, Brooklyn
@10ftsinglebystelladallas

Grand classique

Buffalo Exchange

Chaîne de magasins de fripes, où l'on trouve des vêtements branchés et de marque à partir de 15 $. Les prix sont parfois un peu chers pour de la seconde main, mais on n'est pas à l'abri d'une bonne affaire !

East Village
https://buffaloexchange.com
@buffaloexchange
Chaussures 30 $, jupe 15 $, T-shirt 12 $
332 East 11th Street, Manhattan (plusieurs adresses à New York)

Années 80

Urban Jungle

Chez Urban Jungle, l'espace est énorme et le choix est vaste. Ici règnent les années 80 et 90 pour un style définitivement rétro. Les prix sont doux. Attention : c'est une petite excursion en métro pour s'y rendre, mais le quartier de Bushwick, en plein développement, est passionnant à découvrir !

Bushwick
www.ltrainvintagenyc.com
Moins de 10 $, sauf exceptions
118 Knickerbocker Avenue, Brooklyn
#urbanjungle

Boutique tout-en-un

AuH2O

Boutique ultra-jolie, on a envie de tout acheter tellement la sélection de fringues est incroyable ! Ça tombe bien, parce que la boutique est en plein Manhattan, super-accessible, et les prix tout autant ! Le charme du vintage et du neuf à un seul endroit.

East Village
https://www.auh2oshop.com
Haut 5 $, veste 10 $
84 East 7th Street, Manhattan
@auh2oshop
Fermé le lundi

Bric-à-brac

Mother of Junk

En plein centre de Williamsburg, voilà une alternative aux fripes de vêtements ! Ici, c'est un immense bric-à-brac où l'on trouve aussi bien des vieux tapis, du mobilier d'occasion, de la jolie vaisselle que de vieilles cartes postales de New York et des bricoles des années 80.

Williamsburg
@junkbrooklyn
Bricole 1 $, mobilier à partir de 30 $
567 Driggs Avenue, Brooklyn
#motherofjunk

Super occas'

Monk Vintage

Boutique éclectique et colorée, ce magasin de seconde main qui s'étale sur deux étages propose une large gamme de chaussures, vêtements et accessoires d'occasion. Les bonnes affaires y sont courantes grâce aux soldes qui suivent les saisons !

East Williamsburg
FB « Mon vintage thrift shop »
À partir de 5 $
500 Driggs Avenue, Brooklyn
@monkvintage

BOUQUINE TON BOOK !

****

Librairies-cafés, lieux instagrammables ou bâtiments mythiques : c'est la sélection des librairies et bibliothèques anglophones (ou francophones). Qu'il est bon d'y dénicher son bonheur, ou simplement d'y visiter des lieux de caractère !

30 km de livres

The Strand

Célèbre boutique de livres neufs et d'occasion, son slogan « *18 miles of books* » n'a jamais été plus vrai puisqu'on y trouve forcément ce qu'on cherche sur les quatre étages de l'immense librairie. Idéale pour les étudiants ou lorsque l'on cherche un livre précis.

Union Square
www.strandbooks.com
À partir de 1 $
828 Broadway, Manhattan
@strandbookstore

Librairie des Frenchies

Albertine

Habitant un magnifique bâtiment diplomatique français, il s'agit de la seule librairie 100 % française de la ville. Les livres, vendus neufs, sont un peu plus chers qu'en France. Le premier étage de la librairie vaut le détour avec son plafond étoilé et son petit coin lecture !

Upper East Side
www.albertine.com
Livre à partir de 15 $
972 5th Avenue, Manhattan
@albertinebooks

Bibliothèque splendide

NY Public Library

Bâtiment tout de marbre et d'histoire, l'entrée est libre et autorisée aux touristes. Les expositions et les visites guidées y sont gratuites et une magnifique salle de lecture est accessible pour ceux qui ont du travail à faire.

Midtown
www.nypl.org
Gratuit
476 5th Avenue, Manhattan
@nypl

Librairie cosy

Molasses Books

Librairie d'occasion, on peut y apporter des livres de seconde main dont on souhaite se débarrasser et obtenir un nouveau livre en échange, ou même une bière gratuite ! Il y a aussi un petit café qui permet de déguster des boissons chaudes tout en entamant sa lecture.

- Bushwick
- www.facebook.com/MolassesBooks
- Échange gratuit, livre 5 $ environ
- 770 Hart Street, Brooklyn
- @molassesbooks

Du sol au plafond

Mercer Street Books and Records

Véritable caverne d'Ali Baba, cette librairie pittoresque est un lieu de caractère, rempli à ras bord de livres d'occasion et de vinyles. On en repart difficilement les mains vides. Il y a une bonne sélection d'ouvrages en français et en d'autres langues.

- Greenwich Village
- www.mercerstreetbooks.com
- Livre 5 $, vinyle à partir de 8 $
- 206 Mercer Street, Manhattan
- @mercerstreetbooks

Livres anciens

Alabaster Bookshop

Située à côté de la grande librairie The Strand, cette petite boutique est radicalement plus intimiste. Piles de livres amoncelées les unes sur les autres et légèrement empoussiérées, on y trouve des livres d'occasion mais aussi des livres anciens et précieux.

- Union Square
- @alabasterbooks
- 122 4th Avenue, Manhattan
- À partir de 2 $, prix élevés pour livres rares

Littéraire dans l'âme ?

Better Read than Dead

Meilleure librairie d'occasion de Brooklyn, on y trouve une très belle sélection de poésie et de classiques à des prix raisonnables. Les amateurs de littérature y trouveront forcément leur bonheur. Avec une belle section de livres en français.

- Bushwick
- http://betterreadthandeadbooks.com
- À partir de 5 $
- 867 Broadway, Brooklyn
- @better_read_than_dead_bk
- Fermé du lundi au mercredi

Librairie engagée

Bluestockings

Cette librairie se démarque par sa politique. Sélectionnant et recommandant des ouvrages engagés, elle ravira tout militant qui aime la lecture. Théories du genre, environnement, activisme, médias... Il y en a pour tous les goûts. On peut même commencer sa lecture en commandant un petit café à 1 $ seulement !

- Lower East Side
- www.bluestockings.com
- Livre 20 $ environ
- 116 Suffolk Street, Manhattan
- @bluestockingsnyc
- Fermé le jeudi et le vendredi

SOUVENIRS SOUVENIRS

****

De passage à New York, on ne peut pas s'empêcher de rapporter des bibelots de son périple. Voilà une sélection de boutiques souvenirs pour tous les goûts : gourmand, authentique, intello, design, touristique ou bobo et bien d'autres encore !

Sucré

Economy Candy

Paradis du bonbon, les gourmands vont tomber amoureux de cette boutique ! Grand choix de sucreries, mention spéciale pour la boîte de bonbons par décennie, ou le tableau avec un choix de sucreries à moins de 1 $!

Chinatown
https://economycandy.com
À partir de 1 $
108 Rivington Street, Manhattan
@economycandy

Authentique

Trader Joe's

Esthétique super bobo, packagings stylés, large choix de nourriture fraîche et variée, ce supermarché capture plutôt bien la dimension multiculturelle de la ville. L'expérience en elle-même vaut le détour, et on peut aussi y faire son plein de friandises et snacks originaux à rapporter en France.

Lower East Side
www.traderjoes.com/home
À partir de 1 $
400 Grand Street, Manhattan
@traderjoes
Chaîne de magasin partout à New York

Intello

Boutique de la NYPL

Idéale pour rapporter des cadeaux, la boutique de la New York Public Library propose autant de livres que d'accessoires rigolos inspirés de Shakespeare, Jane Austen, et toute une collection de souvenirs inspirée par la Rose Main Reading Room, la principale salle de lecture de la bibliothèque !

Midtown
https://shop.nypl.org
À partir de 5 $
476 5th Avenue, Manhattan
@nyplshop
Fermé le dimanche

Vaisselle

Fishs Eddy

Fishs Eddy est un magasin d'ameublement et de vaisselle style country chic pour tout amateur de design vintage. On y trouve de la vaisselle décorée avec la Skyline de New York ou des verres à shots inspirés par les présidents américains !

Union Square
https://fishseddynyc.com
À partir de 5 $
889 Broadway, Manhattan
@fishseddynyc

Design

MoMA Design Store

Il faut avoir le budget, mais la vaisselle, les jeux de société, l'ameublement sont tous dignes des collections de design du fameux musée. On y trouve aussi des accessoires, comme des chapeaux, des parapluies et des cartes postales à prix plus abordables.

Soho
https://store.moma.org
À partir de 5 $
81 Spring Street A, Manhattan
@momadesignstore

Historique

Tenement Museum Shop

L'entrée au musée est chère, mais l'accès à la boutique est gratuit ! Le musée raconte l'histoire de la vie des immigrants à New York depuis le 19e siècle. La boutique propose, elle, un ensemble d'accessoires et bricoles vintages : tote bags, pins, etc.

Lower East Side
www.tenement.org
À partir de 10 $
103 Orchard Street, Manhattan
@tenementmuseum_shop

Touristique

Phantom of Broadway

À la recherche du fameux T-shirt « I love New York » et de sa déclinaison en mugs, casquettes, tote bags ou porte-clefs ? Voilà ta caverne d'Ali Baba ! Boutique parfaite pour les cadeaux touristiques et bien plus.

- Midtown
- www.phantomofbroadway.com
- À partir de 1 $
- 1375 Broadway, Manhattan
- @ilovenewyork

Bobo

Exit9 Gift Emporium

Disposant de deux boutiques, l'une dans l'East Village et l'autre à Brooklyn, c'est l'adresse idéale pour trouver des cadeaux stylés typiquement new-yorkais ! Vaste choix de gadgets originaux et d'objets designés par des artistes locaux.

- East Village
- https://www.shopexit9.com
- À partir de 5 $
- 51 Avenue A, Manhattan
- @shopexit9

SE BALADER

NE PARS PAS SANS VOIR ÇA

8 LIEUX INCONTOURNABLES

Voici une liste d'incontournables pour découvrir la ville ! Qu'il s'agisse de l'immense parc de Brooklyn, du ferry de Staten Island, du téléphérique, de la messe gospel... La ville regorge de trésors à ne surtout pas manquer !

PARC LOCAL

☐ PROSPECT PARK

Énorme étendue verte au sein de Brooklyn : les habitants du quartier s'y installent comme dans leur jardin. Barbecues l'été, volley-ball ou pique-niques, il y a même une patinoire l'hiver (mais moins bondée que celle de Central Park) !

Prospect Park
www.prospectpark.org
Prospect Park, Brooklyn
@prospect_parc

CENTRE HISTORIQUE DE NEW YORK

☐ LITTLE ITALY, CHINATOWN, SOHO

Ces trois quartiers facilement faisables à pied sont mythiques, autant pour leur architecture que pour la variété des ambiances et cuisines ! On commence avec un déjeuner à Little Italy, situé entre Mulberry Street et Grand Street, puis on part faire son shopping à Soho. Pour le dîner, direction Chinatown !

Little Italy, Chinatown, Soho
Houston Street, Grand Street, Canal Street, Manhattan
#little italy #chinatown #Soho

CAMPUS AMÉRICAIN

☐ COLUMBIA UNIVERSITY

Installée dans Harlem, la célèbre et prestigieuse université dispose d'un campus typiquement américain. On peut se poser sur les pelouses à côté des étudiants face à la coupole de Columbia, digne de celle de la Sorbonne !

Harlem
Columbia University, Manhattan
www.columbia.edu
@columbia
Gratuit

MATCH DE BASEBALL

☐ YANKEE STADIUM

Voir un match de baseball est un peu devenu un classique quand on vient aux États-Unis ! L'équipe favorite à New York est définitivement celle des Yankees, que l'on peut voir jouer au Yankee Stadium, dans le Bronx. Pour réduire les frais des billets, on privilégie l'achat sur Hellotickets ou des e-billets.

Yankee Stadium, Concourse
1 East 161st Street, The Bronx
www.mlb.com/yankees/ballpark
@yankees
À partir de 30 $

GOSPEL À HARLEM

☐ GREATER TABERNACLE BAPTIST CHURCH

Contrairement aux mastodontes comme La Canaan Baptist Church ou la First Corinthian Baptist Church, célèbres pour le caractère spectaculaire de leurs messes, la Greater Tabernacle Baptiste Church propose un service en petit comité, moins touristique et plus intimiste.

Harlem **340 Convent Avenue, Manhattan**
http://greatertabernaclebc.org/worshipservices
#gospelharlem
Gratuit, il est bienvenu de donner de l'argent à la quête
Messe le dimanche à 11h, arriver plus tôt

EAST RIVER EN TÉLÉPHÉRIQUE

☐ TÉLÉPHÉRIQUE VINTAGE

Prends le téléphérique qui relie Manhattan à Roosevelt Island. Comme il fait partie du système de transport new-yorkais, le prix est uniquement celui d'un ticket de métro. Idéal pour se rendre au Four Freedoms Park et admirer la vue sur Manhattan et l'ONU.

Lenox Hill + Roosevelt Island
Entrée à Roosevelt Island juste à côté du Queensboro Bridge ou bien à Manhattan, à l'intersection de la 60th Street et de la 2nd Avenue.
https://rioc.ny.gov/302/Tram **#rooseveltislandtramway**
Ticket 3 $

GRANDE ROUE SUR LA PLAGE

☐ CONEY ISLAND

Au fin fond de Brooklyn, mais toujours accessible en métro, se trouve un parc d'attractions des plus déjantés ! Adjacent à la plage, ici, c'est ambiance crème solaire, maillot de bain, hot-dog, bières et montagnes russes !

Coney Island
https://lunaparknyc.com
Coney Island, Brooklyn
@coneyislandlunapark
Plage gratuite ; attraction 8-10 $, bracelet parc d'attractions 56 $

FERRY GRATUIT

☐ STATEN ISLAND FERRY

Cet énorme ferry transporte les habitants qui résident à Staten Island, cinquième quartier de New York souvent oublié, jusqu'à Manhattan. Complètement gratuite, la traversée dure 25 minutes et permet d'apprécier une très belle vue sur la statue de la Liberté.

Staten Island, Financial District
1 Bay Street, Staten Island
www.nyc.gov, chercher « Staten Island Ferry »
#statenislandferry
Gratuit

BALADE AVEC FERRY

Matinée au Financial District pour des lieux de mémoire et d'histoire incontournables, balade en ferry et après-midi à la plage ! Voilà le programme de cette journée conciliant des adresses touristiques et locales.

DÉPART :

Stations de métro Fulton Street (lignes 4 et 5) ou World Trade Center (ligne E)

ARRIVÉE :

Arrêt du ferry à Rockaway Beach, Rockaway Park

DURÉE :

2-3 heures

ITINÉRAIRE :

LIEU D'HISTOIRE

MÉMORIAL DU 11 SEPTEMBRE

Le mémorial est constitué de deux immenses bassins impressionnants : c'est un lieu de recueillement profondément émouvant. Son architecture de marbre noir lui donne une atmosphère intimidante. Lieu public, il est accessible gratuitement sans réservation.

Financial District
180 Greenwich Street, Manhattan
www.911memorial.org
@911memorial
Accès libre

LE PLUS GRAND MARCHÉ FINANCIER

NEW YORK STOCK EXCHANGE

Passage par la chapelle Saint-Paul, puis direction Broadway Avenue jusqu'à la Bourse de commerce, emblématique de New York. Cet immeuble accueille l'un des marchés boursiers les plus importants du monde. On ne peut malheureusement pas visiter l'intérieur, mais on peut admirer son architecture massive !

Financial District
11 Wall Street, Manhattan
www.nyse.com/index
@nyse

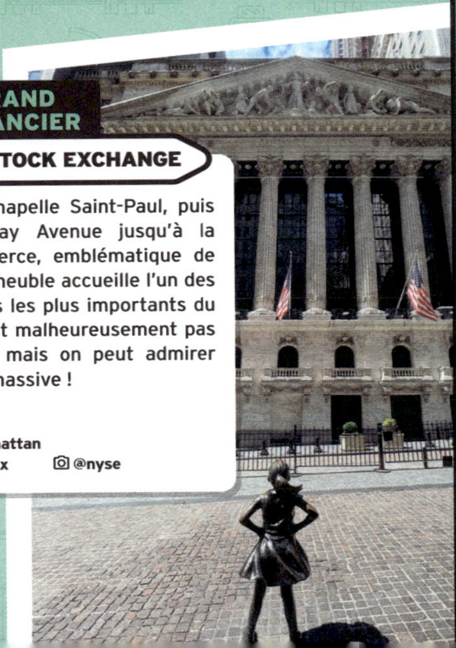

SAISIR LE TAUREAU PAR LES CORNES

FEARLESS GIRL ET CHARGING BULL

La statue de la jeune fille (*Fearless Girl*) qui fait face au taureau se dresse maintenant face au Stock Exchange. Il suffit de quelques minutes en descendant Broadway Avenue pour découvrir le fameux taureau (*Charging Bull*) de Wall Street, installé en 1989 par l'artiste Arturo di Modica.

Financial District
Charging Bull, Bowling Green, Manhattan
#fearlessgirl #chargingbull

HORIZON DE LIBERTÉ

BATTERY PARK

Tout au sud de Manhattan se trouve Battery Park, idéal pour un moment de détente. Donnant sur la baie de Manhattan, on peut observer depuis la rive, les cheveux dans le vent, la statue de la Liberté.

Financial District
Battery Park, Manhattan
www.thebattery.org
@thebatterynyc

AU TEMPS DES PIONNIERS

STONE STREET

Lieu important du développement économique de New York au 18e siècle, Stone Street est abandonnée au 20e siècle, puis récemment restaurée, et doit son nom à son sol pavé. De nombreuses tavernes et terrasses donnent vie à cette rue aux devantures originales.

Financial District

Stone Street, Manhattan

#stonestreet

Attention, il y a deux Stone Street, mais c'est celle entre South William Street et Pearl Street qu'il ne faut pas manquer.

CAFÉ PORTORICAIN

SPOT

787 COFFEE

Pour une pause caféinée façon portoricaine, on se dirige vers 787 Coffee. Les amateurs d'espresso trouveront le café ici savoureux ! L'ambiance est cosy et agréable, avec un accueil et un personnel adorable !

Financial District

66 Pearl Street, New York

www.787coffee.com

@787coffee

Espresso 3,50 $; cappuccino 4,50 $

PAUSE BAGEL

LEO'S BAGELS ET ELEVATED ACRE

Pour la pause déjeuner, rendez-vous aux bagels de Leo ! Adresse réputée pour proposer l'un des meilleurs bagels de la ville, avec leurs portions généreuses : il faudra s'attendre à faire la queue ! Possibilité de déjeuner sur le long toit d'un building, avec une jolie vue sur Brooklyn.

Financial District
55 Water Street
https://leosbagels.com/#/bagels
@leosbagels
Bagel 10-17 $
Entrée par l'escalier sur South Street

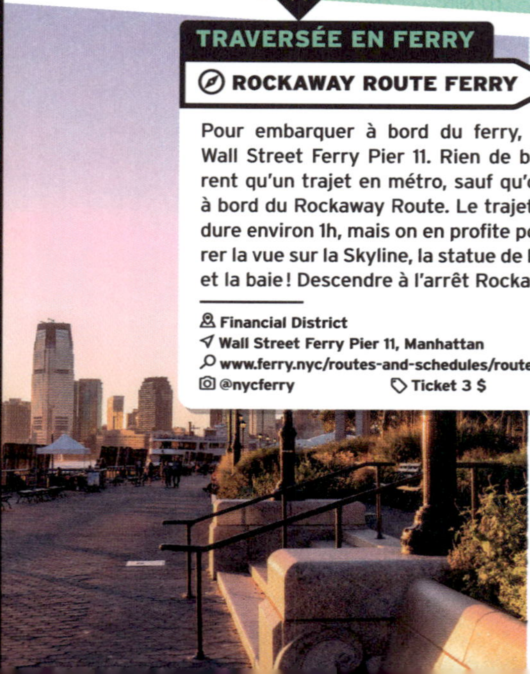

TRAVERSÉE EN FERRY

ROCKAWAY ROUTE FERRY

Pour embarquer à bord du ferry, direction Wall Street Ferry Pier 11. Rien de bien différent qu'un trajet en métro, sauf qu'on monte à bord du Rockaway Route. Le trajet en ferry dure environ 1h, mais on en profite pour admirer la vue sur la Skyline, la statue de la Liberté et la baie ! Descendre à l'arrêt Rockaway.

Financial District
Wall Street Ferry Pier 11, Manhattan
www.ferry.nyc/routes-and-schedules/route/rockaway
@nycferry
Ticket 3 $

RESTAURANT HAWAÏEN

EDIBLE ISLAND

Pour une ambiance 100 % plage, coquillages et crustacés, direction Edible Island, un restaurant hawaïen qui propose des poké bowls aussi frais que délicieux ! Mention spéciale pour le poké bowl au thon et au poulet. Pour les végétariens, option tofu disponible.

Rockaway Beach
9701 Shore Front Parkway, Queens
@edible_island
Poke bowl 16 $

BAR-BRASSERIE

ROCKAWAY BREWING COMPANY

Pour finir la journée en beauté, on poursuit direction cette brasserie locale pour goûter des bières artisanales excellentes. La nourriture, à base de burgers, pizzas ou frites, est également réputée. Le must ? De nombreux jeux de société à disposition pour se divertir !
Le retour vers Manhattan se fait directement grâce à la ligne de métro A.

Averne
415 Beach 72nd Street, Queens
https://rockawaybrewco.com
@rbcobeach
Bière 6 $; burger 11 $, frites 6 $

STREET ART À BROOKLYN

Direction Bushwick et les rues industrielles de ce quartier de Brooklyn transformé par le street art et les graffitis. Ouvrez grand les yeux, c'est parti !

DÉPART :
Station de métro Morgan Avenue Station (ligne L)

ARRIVÉE :
Station de métro Jefferson Street Station (ligne L)

DURÉE :
2 heures

ITINÉRAIRE :

BALADE URBAINE

RUES DU STREET ART

En s'arrêtant à l'arrêt de métro Morgan Avenue, sur la ligne L, on commence la visite en se baladant sur l'avenue Johnson, puis en passant par les rues Boerum Street, White Street et Seigel Street pour admirer des murs de brique recouverts de fresques (légales et illégales) aux couleurs éclatantes !

Bushwick, Brooklyn **White Street, Seigel Street, Boerum Street**
Durée 20 minutes

LUNCH AND A MOVIE

SPOT • SPOT • SPOT

SYNDICATED BAR THEATER KITCHEN

Un snack pour repartir de plus belle ? Ce bar-restaurant-cinéma propose des spécialités américaines sur place ou à emporter. Spécial US : *corn dog* ou *tater tots*, boulettes de patates frites servies avec fromage fondu à la bière et porc effiloché.

Bushwick **40 Bogart Street, Brooklyn**
https://syndicatedbk.com **@syndicatedbk**
***Tater tots* 13 $, *corn dog* 7 $, bière 7 $**

BALADE URBAINE 1.2

RUES DU STREET ART

Suite du parcours : Johnson Avenue, Grattan Street et les rues calmes des alentours, réputées pour leurs graffitis étalés sur les façades des bâtiments industriels et entrepôts du quartier. C'est un très beau cadre pour une balade ensoleillée.

Bushwick **Johnson Avenue, Grattan Street**
Durée 20 minutes

WITCH SHOP

CATLAND BOOKS

Welcome to the witch shop ! Voici une boutique bienveillante où acheter ses meilleurs charmes, concoctions, bougies et grimoires. Plus de 200 plantes et cristaux, sa librairie spécialisée et ses ingrédients en tout genre... *Feeling witchy ?*

Bushwick — **987 Flushing Avenue, Brooklyn**
www.catlandbooks.com — **@catlandbooks**
Bougie 1-10 $, cristal 4-6 $, jeu de tarot 24 $

SPOT • SPOT • SPOT •

PAUSE CAFÉ

NOOK

Ambiance confort et chaleureuse à Nook, café du quartier ouvert de 7h à 22h ! Avec ses petites tables, ses canapés, ses serveurs toujours sympas et stylés, ce café (qui vend également des bières locales) est une adresse des habitués qui y passent la journée.

Bushwick — **45 Irving Avenue, Brooklyn**
https://nookbk.com — **@nook_bklyn**
Café 3-5 $, thé 4 $, bagel 5-6 $

SPOT • SPOT • SPOT •

DRESSING NEW-YORKAIS

OTHER PEOPLE'S CLOTHES

Bien caféiné, direction la friperie d'à côté. Dépôt-vente aux nombreuses options triées par couleurs, vous êtes assuré de repartir avec les fringues de New-Yorkais qui ont vidé leurs dressings !

Bushwick
333 Troutman Street
www.opcbuyselltrade.com
@opcbuyselltrade
Chemise 15-20 $, veste 30 $, chaussures 20-40 $

PIZZA À L'ARTICHAUT

SPOT • SPOT • SPOT •

ARTICHOKE BASILLE'S PIZZA

Sur le chemin, les rues sont couvertes de fresques réalisées par le Bushwick Collective. Pizzeria réputée pour ses pizzas à l'artichaut, on peut les prendre à emporter pour les déguster face au street art du quartier !

Bushwick
18 Wyckoff Avenue, Brooklyn
www.artichokepizza.com
@artichokepizza
Slice 9 $

WAGONS TAGUÉS

PONT PIÉTON DE SCOTT AVENUE

Pour finir la balade en beauté, direction le pont piéton de Scott Avenue, qui surplombe un dépôt de trains de marchandises. Point de vue assuré sur les wagons tagués, objets cultes du graffiti new-yorkais !

Bushwick

Pont piéton sur Scott Avenue, entre Meserole Street et Randolph Street, Brooklyn

HYDROMEL LOCAL

SPOT • SPOT • SPOT •

HONEY'S

Au pied du pont piéton, visite obligée du Honey's, bar et brasserie d'hydromel. La brasserie, accessible au public, offre un aperçu des cuves et tonneaux qui fournissent les divers hydromels servis au comptoir. Délicieux et peu courant, le concept est porté dans une déco canon et intimiste.

Bushwick

93 Scott Avenue, Brooklyn

https://honeysbrooklyn.com

@honeysbrooklyn

Verre d'hydromel 12-15 $

BAR DANSANT

JUPITER DISCO

Bar à cocktails et boîte de nuit aux inspirations de science-fiction et futuriste ! Avec une déco aux néons où chaque détail compte, des cocktails triés sur le volet et un enchaînement de DJ sets au top du top, rendez-vous dans ce bar au croisement des galaxies !

Bushwick
1237 Flushing Avenue, Brooklyn
www.jupiterdisco.com
@jupiter_disco
Entrée gratuite avant 23h, après 10 $, bière 8 $, cocktail 15 $
Fermé le lundi

BUSHWICK ET LE STREET ART

UN PEU D'HISTOIRE...

Le mouvement graffiti est arrivé de Philadelphie dans les années 60-70, pour devenir de plus en plus célèbre à Brooklyn et dans le Bronx. Les 70s ont vu l'essor des graffitis, considérés par la ville comme du vandalisme, sur les wagons du métro. Progressivement, les artistes se sont déplacés sur les murs et façades, et des fresques de plus en plus grandes ont commencé à voir le jour. Le street art était né !

BON PLAN

FÊTE DU STREET ART

Si vous vous trouvez à New York au bon moment, passez à la Bushwick Collective Block Party, fête annuelle de quartier avec graffitis, street art, musique, food trucks et vendeurs locaux !

Bushwick
Autour du 15 Scott Avenue, Brooklyn
www.thebushwickcollective.com
@thebushwickcollective
Gratuit
Chaque année en été (souvent en juin, consultez leur compte Instagram pour les actus)

EXPLORER HARLEM

Quartier historique de Manhattan et souvent peu visité par les touristes, Harlem est pourtant l'un des endroits les plus vivants et passionnants de New York. Visite express des *landmarks* qui rendent Harlem inoubliable !

DÉPART :

Met Cloisters

ARRIVÉE :

Apollo Theater

DURÉE :

3 heures

ITINÉRAIRE :

SAUT DANS LE TEMPS

MET CLOISTERS

Tout au nord de Manhattan, le Met Cloisters est un havre de paix avec vue imprenable sur l'Hudson River. On y accède par un parc charmant puis c'est l'immersion totale dans des cloîtres médiévaux européens, des jardins intérieurs et une collection inégalée qui comprend la fameuse tapisserie à la licorne...

Fort George
99 Margaret Corbin Drive, Manhattan
www.metmuseum.org
@metmuseum
Étudiant 17 $, plein tarif 30 $
Fermé le mercredi

AU BORD DE L'EAU

RIVERBANK STATE PARK

Espace vert réaménagé, ce parc qui longe l'Hudson River est animé toute l'année par des activités sportives, musicales et artistiques et permet d'observer le New Jersey et la nature environnante tout en redescendant doucement vers l'énergie de la ville...

West Harlem
679 Riverside Drive, Manhattan
https://parks.ny.gov/parks/93/details.aspx
@dennyfarrellriverbankstatepark

UNE PART DE GÂTEAU ?

MAKE MY CAKE

Cette pâtisserie familiale réputée prépare les gâteaux de sa communauté depuis plus de vingt ans. Avec ses gâteaux moelleux sur plusieurs étages et ses cupcakes réconfortants, Make My Cake propose des desserts tout ce qu'il y a de plus américain.

Central Harlem
2380 Adam Clayton Powell Junior Boulevard, Manhattan
www.makemycake.com
@makemycake
Part de gâteau 8 $, cupcake 4-5 $
Fermé le lundi

AMERICANA

ALEXANDER HAMILTON GRANGE NATIONAL MEMORIAL

Marchand, soldat, premier secrétaire au Trésor : la vie d'Alexander Hamilton (considéré comme « père fondateur » et sujet d'une comédie musicale à succès de Broadway) est commémorée dans cette maison de campagne, fidèle témoignage de l'architecture américaine de la fin du 18e siècle.

Hamilton Heights, Harlem
414 West 141st Street, Manhattan
www.nps.gov/hagr/index.htm
#hamiltongrange
Gratuit
Fermé du lundi au jeudi

UNE CATHÉDRALE FRANÇAISE ?

CATHÉDRALE SAINT-JEAN LE DIVIN DE NEW YORK

Au dernier endroit où on pensait la trouver, la cathédrale Saint-Jean le Divin (en français dans le texte) domine la 110th Street. Hyper-imposante, elle arbore une rosace immense et un intérieur gigantesque et épuré aux vitraux lumineux.

Morningside Heights, Harlem
1047 Amsterdam Avenue, Manhattan
www.stjohndivine.org
@stjohndivinenyc
Étudiant 8 $, plein tarif 10 $

CAFÉ-PÂTISSERIE DE QUARTIER

THE HUNGARIAN PASTRY SHOP

Le meilleur cheesecake ? Cette pâtisserie-café est connue de tout New York. Le mot se passe entre locaux et étudiants qui viennent y travailler. Leur cheesecake est à tomber et leurs pâtisseries délicieuses. Un large choix de boissons chaudes et un *drip coffee* en libre-service. Service très chaleureux dans un café plus qu'animé.

Morningside Heights **1030 Amsterdam Avenue, Manhattan**
www.facebook.com/hungarianpastryshopnyc
@hungarianpastryshopnyc **Pâtisserie 4-6 $, boisson chaude 3-4 $**

ARTS AFRO-AMÉRICAINS

STUDIO MUSEUM IN HARLEM

Au cœur de Harlem, sur la 125th Street, des artistes, activistes, philanthropes et résidents de Harlem ont fondé le Studio Museum en 1968. Y sont exposés des artistes afro-américains, caribéens et africains dans un musée majeur de l'histoire de l'art new-yorkais.

Central Harlem
@studiomuseum
Gratuit
144 West 125th Street, Manhattan
https://studiomuseum.org

LÀ OÙ DORMAIENT LES STARS

HOTEL THERESA

En remontant la 125th, faites une pause devant Hotel Theresa, superbe bâtiment de briques blanches qui surplombe la 125th Street depuis 1913. Dans cet ancien hôtel ont séjourné (entre autres) : Louis Armstrong, Joséphine Baker, Mohamed Ali, Ray Charles, Jimi Hendrix ou encore Fidel Castro !

Central Harlem
2070-2080 Adam Clayton Powell Junior Boulevard, Manhattan

SOUL FOOD

SPOT • SPOT • SPOT •

SYLVIA'S

À quelques pas, direction Sylvia et sa *soul food* légendaire, ses énormes portions de plats typiques du sud des États-Unis : côtes de porc ou de bœuf, poulet frit ou poisson-chat servis avec du pain au maïs chaud et des *sides* au choix : *mac and cheese*, *greens*, *mashed potatoes*... Bon courage pour tout finir !

Central Harlem
328 Malcolm X Boulevard, Manhattan
https://sylviasrestaurant.com
@sylviasrestaurant
Plat 18-24 $, side 7 $, lunch spécial 14 $

THE SHOW IS ON!

APOLLO THEATER

Symbole de la musique noire américaine, l'Apollo organise chaque mercredi soir depuis 1934 un Amateur Night Show, qui a révélé Ella Fitzgerald, Aretha Franklin, Billie Holiday, James Brown, Marvin Gaye, Stevie Wonder... À ne surtout pas manquer !

Central Harlem
1253 West 125th Street, Manhattan
www.apollotheater.org
@apollotheater
Ticket 40 $ en moyenne
Ouverture selon la programmation

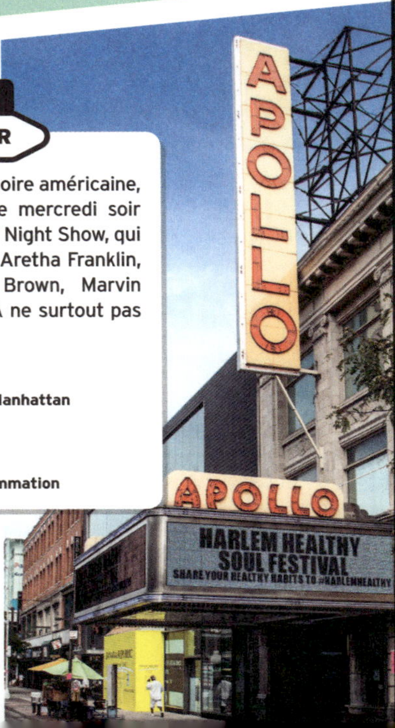

ACTION ! LA VILLE DES SÉRIES

Ville iconique du cinéma et des séries, New York est un lieu de tournage mondialement connu qui a vu émerger et grandir certains de nos personnages de séries préférés. L'occasion parfaite de marcher dans leurs pas et de visiter des endroits cultes !

DÉPART :

Central Park, 72nd Street

ARRIVÉE :

Stations de métro 7th Avenue (lignes E, B et D) ou 57th Street (lignes F, N, Q, R et W)

DURÉE :

2-3 heures

ITINÉRAIRE :

GOSSIP GIRL (& CO)

BETHESDA TERRACE

Top départ à Bethesda Terrace ! Admirez la vue avant de descendre les escaliers vers les magnifiques arcades décorées pour profiter de la musique. Lieu de tournage de dizaines de shows, dont *Enchanted, Avengers, Doctor Who, Jessica Jones* et (spoiler) *Gossip Girl* pour le mariage de Chuck et Blair !

Central Park South **1220 5th Avenue**
www.centralparknyc.org/locations/bethesda-terrace
#bethesdaterrace

GOSSIP GIRL

THE NEW YORK PALACE HOTEL

Depuis Central Park, direction Madison Avenue pour admirer la façade de cet immense palace quatre étoiles, et pas seulement parce qu'elle est filmée comme l'hôtel particulier de Serena Van Der Woodsen et de sa famille dans *Gossip Girl* !

Midtown East **455 Madison Avenue, Manhattan**
www.lottenypalace.com/fr/the-palace **@newyorkpalace**

GOSSIP GIRL (& CO)

EMPIRE STATE BUILDING

Passage obligé devant l'Empire State Building, lieu phare de multiples films et séries : *Gossip Girl* pour un éternel retournement de situation, *King Kong, Elf, How I Met Your Mother, Tom & Jerry, Percy Jackson* ou encore *Empire*, film expérimental d'Andy Warhol avec un plan unique du building de 8h de long !

Midtown South **20 West 34th Street, Manhattan**
www.esbnyc.com **@empirestatebldg** **À partir de 40 $**

FRIENDS

THE FRIENDS™ EXPERIENCE

Avec ses deux étages d'immersion et la reconstitution des studios de tournage, c'est l'expérience ultime pour les fans de *Friends* ! Baladez-vous dans les appartements de Monica, Joey et Chandler avant d'aller boire un café sur le canapé orange de Central Perk !

Gramercy Park
The Friends Experience, 130 East 23rd Street, Manhattan
www.friendstheexperience.com **@friendstheexperience**
Entrée 40 $
Fermé du lundi au mercredi, réservation en ligne conseillée

HOW I MET YOUR MOTHER

SPOT • SPOT • SPOT •

CORNER BISTRO

Pour déjeuner, quoi de mieux que de partir en quête du meilleur burger de la ville, tels Ted et Marshall ? Corner Bistro est un de leurs arrêts, et même si les burgers y sont délicieux, Marshall est définitif : ce n'est pas celui qu'il a mangé à son arrivée à New York.

West Village **331 West 4th Street, Manhattan**
www.cornerbistrony.com **@cornerbistrony** **Burger 11-15 $**

FRIENDS

L'APPART DE MONICA (& JOEY ET CHANDLER)

Si toutes les scènes d'intérieur ont été tournées en studio à Los Angeles, le bâtiment filmé de l'extérieur existe bel et bien et abrite, dans la série, les appartements de Monica, Chandler et Joey ! I KNOW !

Greenwich Village **90 Bedford Street, Manhattan**
#friendsapartment

SEX AND THE CITY

L'APPART DE CARRIE BRADSHAW

Depuis l'immeuble de Monica, direction un autre bâtiment culte de série new-yorkaise : l'appart de Carrie dans SATC ! Logé dans les petites rues merveilleuses de Greenwich Village, ce pèlerinage est l'occasion de visiter les environs d'un des quartiers les plus calmes et précieux de Manhattan.

Greenwich Village **66 Perry Street, Manhattan**
#carriebradshawapartment

SEX AND THE CITY

SPOT • SPOT • SPOT •

MAGNOLIA BAKERY

À deux pas de l'appart de Carrie, Magnolia Bakery fait aussi son apparition dans la série quand Carrie et Miranda y dévorent des cupcakes décadents. Juste après la diffusion de l'épisode, des files d'attente ont commencé à se former autour de la petite boulangerie, maintenant ultra-connue !

Greenwich Village
West 11th Street, 401 Bleecker Street, Manhattan
www.magnoliabakery.com **@magnoliabakery**
Cupcake 4 $, pudding 4,50-7,50 $

HOW I MET YOUR MOTHER (& CO)

AMERICAN MUSEUM OF NATURAL HISTORY

HIMYM, Paddington, The Mummy, Jupiter Ascending ou encore *Lara Croft: Tomb Raider*, ce musée d'histoire naturelle qui a inspiré *La Nuit au musée* ravit tous les âges avec une magnifique collection de dinosaures et une salle maritime géante où Barney a déjà fait tomber la baleine centrale...

Upper West Side
200 Central Park West, Manhattan
www.amnh.org
@amnh
Entrée 28 $, étudiant 22 $

HOW I MET YOUR MOTHER

GRAY'S PAPAYA

Gray's Papaya est un vendeur de hot-dogs ouvert 24h/24 apprécié des vrais New-Yorkais, il n'est donc pas surprenant que Ted, Barney et Marshall y passent entre deux fêtes du Nouvel An. Pas du tout cher et délicieux !

Upper West Side
2090 Broadway, Manhattan
https://grayspapaya.nyc
@grayspapayanyc
Hot dog 3 $

HOW I MET YOUR MOTHER

SPOT • SPOT • SPOT •

MCGEE'S PUB

Ce pub irlandais a servi d'inspiration pour McLaren's Pub, bar fréquenté par la bande de *How I Met Your Mother*. Avec son ambiance décontractée et ses tables à banquettes, il propose aussi des cocktails basés sur les moments cultes de la série !

Midtown
240 West 55th Street, Manhattan
https://mcgeespubny.com
@mcgeespubnyc
HIMYM cocktail 11-13 $, plat 15-20 $, plat irlandais 25 $

DÉFI

CONTRÔLE DE CONNAISSANCES !

La ville a accueilli de nombreux tournages de films et séries, tous plus connus les uns que les autres. Votre défi si vous le relevez ? En nommer un maximum, et savoir citer les endroits de la ville où ils ont été tournés !

FUN FACT • FUN FACT •

THE OFFICE

Pour les plus grands fans de la série *The Office*, la ville de Scranton, Pennsylvanie, est accessible à deux heures en bus de New York ! Si certains lieux sont visitables (Alfredo's, Poor Richard's, Pennsylvania Paper & Supply Co.), la série a principalement été tournée en studio à Los Angeles. Une grande sélection de *goodies* est dispo dans les boutiques-souvenirs de la ville.

ART ET NATURE À CHELSEA

Amateur d'art contemporain et de balades dans des espaces verts ? Le quartier de Chelsea est le lieu idéal pour ouvrir la porte des galeries en se baladant entre la 19th et la 30th Street.

DÉPART :
Station de métro 23rd Street (lignes A, C et E)

ARRIVÉE :
Station de métro West 4th Street - Washington Square (lignes A, B, C, D, E, F et M)

DURÉE :
2 heures

ITINÉRAIRE :

MASTODONTE DES GALERIES D'ART

GALERIE DAVID ZWIRNER

Pour commencer la balade dans les galeries de Chelsea, direction David Zwirner, l'une des galeries les plus remarquables de ce quartier industriel. Ici, les galeries disposent d'espaces à la taille des anciens entrepôts, dignes des plus grands musées pour y exposer l'art contemporain !

Chelsea
525 West 19th Street, Manhattan
www.davidzwirner.com
@davidzwirner
Gratuit
Fermé le dimanche et lundi

PETIT CENTRE D'ART

DIA CHELSEA

Unique musée dans ce quartier de galeries d'art, la Dia Chelsea est une petite antenne de la Dia, plus largement connue pour la Dia Beacon (espace d'art contemporain au-delà de la ville de New York). En plus, l'espace d'exposition est tout aussi impressionnant avec son large toit charpenté !

Chelsea
537 West 22nd Street, Manhattan
https://diaart.org
@diaartfoundation
Gratuit
Fermé le dimanche, lundi et mardi

CONSTRUCTION FUTURISTE

VESSEL

Cette étrange structure à l'architecture étonnante, avec ses 154 volées d'escalier et ses 2 500 marches, est un parfait exemple des nouvelles constructions dans le quartier de Hudson Yards, juste au nord de Chelsea, visant à moderniser et développer cette zone de Manhattan.

Hudson Yards
20 Hudson Yards, Manhattan
www.hudsonyardsnewyork.com, chercher « Vessel »
#vesselhudsonyards
Gratuit

COULÉE VERTE PERCHÉE EN HAUTEUR

HIGH LINE 30TH STREET ELEVATOR

Après avoir admiré le *Vessel*, empruntez l'escalier en métal pour rejoindre la *high line* élevée au-dessus des buildings. Ancienne voie ferrée aménagée en parc vert, on se balade en hauteur tout en admirant la vue ! Direction le sud de Manhattan jusqu'à la sortie indiquant Chelsea Market.

Chelsea
High Line 30th Street elevator
www.thehighline.org
@highlinenyc

MARCHÉ COUVERT

CHELSEA MARKET

Institution new-yorkaise, ce marché couvert est réputé pour son vaste choix de restaurants venus des quatre coins du monde ! Option spéciale pour ces adresses : Very Fresh Noodles (nouilles chinoises), Los Mariscos (mexicain), Kimbap Lab (restaurant coréen), Tings (restaurant jamaïcain).

Chelsea
75 9th Avenue, Manhattan
www.chelseamarket.com
@chelseamarketny
Plat 12-18 $

AMERICAN ART

WHITNEY MUSEUM

C'est le début d'après-midi : direction le Whitney Museum pour aller voir les collections permanentes réputées et spécialisées dans l'art américain du 20e et 21e siècles ! De grandes terrasses lient les étages entre eux et permettent d'avoir une très belle vue sur le sud de Manhattan.

Chelsea
99 Gansevoort Street, Manhattan
https://whitney.org
@whitneymuseum
Étudiant 18 $, plein tarif 25 $, prix libre le vendredi de 17h à 22h
Fermé le mardi

ÎLE ARTIFICIELLE

LITTLE ISLAND

Juste à côté du Whitney Museum, après avoir traversé West Street, Little Island est un parc construit sur pilotis au-dessus de l'Hudson. Aménagés par le paysagiste Signe Nielsen, les pelouses et chemins mènent à des instruments de musique étranges, à un amphithéâtre à ciel ouvert ou bien à des œuvres d'art en extérieur.

Chelsea — **Pier55 in Hudson River Park, West 13th Street, Manhattan**
https://littleisland.org — **#LittleIslandNYC**

PIZZERIA COLORÉE

TWO BOOTS WEST VILLAGE

Bienvenue dans un univers aussi coloré, déjanté, que délicieux ! On aime le large choix de pizzas et d'options végétariennes. Ne passez pas à côté de leur spécialité, la pizza duchesse, un arc-en-ciel de saveurs à base de pesto, de saucisse italienne, d'ail grillé et de quatre fromages !

West Village — **101 7th Avenue S, Manhattan**
https://twoboots.com — **@twobootspizza**
Slice 3-4,50 $

PIANO BAR

MARIE'S CRISIS CAFE

Pour finir la journée en beauté, traversez la rue, ouvrez la porte du Marie's Crisis ! Arrivez le plus tôt possible car le lieu est blindé après 20h. Les boissons sont à un prix abordable et il y a même un piano sur lequel un chanteur vient entonner des airs de comédies musicales et chansons américaines connues ! Ambiance assurée.

West Village — **90 Greenwich Avenue, Manhattan**
www.mariescrisiscafe.com — **@mariescrisis** — **Bière ou verre de vin 7 $**

PRATIQUE

TO DO LIST

- ☐ **LOGEMENT** : s'y prendre le plus tôt possible pour réserver.
- ☐ **PASSEPORT** : vérifie sa validité ! La carte nationale d'identité n'est pas suffisante pour voyager aux États-Unis.
- ☐ **ESTA** : pour les séjours touristiques de moins de 90 jours, pas besoin de visa ! Il faut cependant faire une demande en ligne d'ESTA le plus tôt possible sur le site officiel : https://esta.cbp.dhs.gov (attention aux faux sites qui circulent).
- ☐ **ARGENT** : on peut payer dans beaucoup d'endroits par carte sans minimum d'achat. Mais attention : certains commerces n'acceptent que le cash ! Pour éviter les frais de retrait trop élevés, renseigne-toi auprès de ta banque au préalable et évite les ATM à tout prix, qui incluent des frais supplémentaires. Ouvre l'œil et cherche **bank** ou **bank ATM** à la place.
- ☐ **PRIX** : tous les prix sont affichés sans taxes et sans tips (pour la nourriture notamment) : pense bien à ajouter cela dans ton calcul et ton budget. Taxes 7-8 % environ, tips 15 % en moyenne (selon le type et la qualité du service).
- ☐ **TÉLÉPHONE** : vérifie auprès de ton opérateur avant le départ ou achète une SIM sans forfait d'un mois pour 40 $ environ une fois sur place.
- ☐ **PRISE ÉLECTRIQUE** : achète un adaptateur pour pouvoir recharger tous tes appareils électroniques !
- ☐ **MUSÉES** : à réserver en ligne à l'avance, notamment pour les tarifs et offres préférentiels.
- ☐ **ASSURANCE SANTÉ** : les frais médicaux américains sont HORS DE PRIX : vérifie que tu seras bien couvert par ton assurance santé ou souscris une option supplémentaire avant ton départ.

Hello ! Moi c'est Léonie, je vis à Harlem (**NEW YORK**).
Venue pour le travail, je ne m'attendais pas à aimer autant cette ville dont j'ai entendu parler toute ma vie ! J'y adore les différents quartiers qui ne ressemblent à aucun autre, le *mood* des habitants, tous uniques et très occupés, et surtout la quantité indécente de nourriture qu'on y trouve !

Salut, moi c'est Marion, expat à **NEW YORK**.
Ce qui m'a fait tomber amoureuse de cette ville, je dois avouer que c'est avant tout... les New-Yorkais eux-mêmes : toujours amicaux, plein d'énergie, ouverts d'esprit et tolérants !

Des brownstones de Brooklyn aux rooftops de Manhattan en passant par les bords de l'East River, New York a plus d'un tour dans son sac. Avec ses pizza slices et ses bagels, on s'y régale, même si trouver les bons plans dans la ville la plus chère au monde est devenu un sport national !

New York, c'est une ville culturelle, dans laquelle les communautés et les langues des quatre coins du monde cohabitent, mais aussi artistique : musées, architecture, concerts, comédies musicales...

Pour plus d'aventures new-yorkaises :
Instagram @leonie.lhommelais

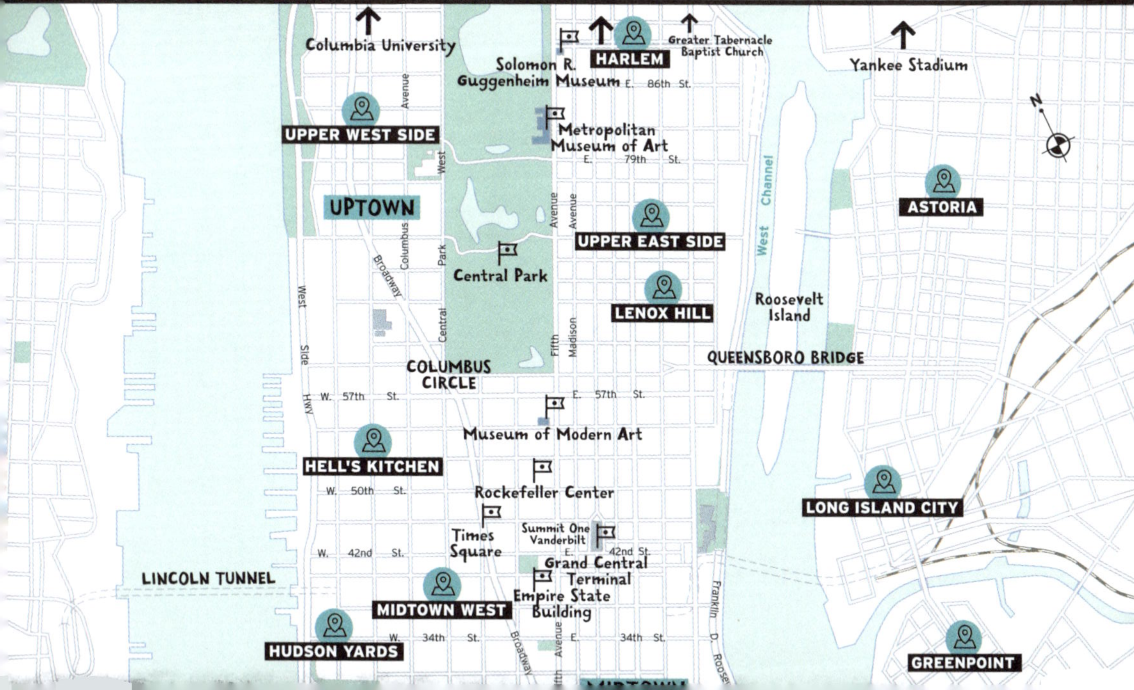
Columbia University
Solomon R. Guggenheim Museum
HARLEM
Greater Tabernacle Baptist Church
Yankee Stadium
E. 86th St.
UPPER WEST SIDE
Metropolitan Museum of Art
E. 79th St.
UPTOWN
Avenue
West
Columbus
Park
Broadway
Central
Fifth
Avenue
Madison
Avenue
West Channel
ASTORIA
UPPER EAST SIDE
Central Park
LENOX HILL
Roosevelt Island
QUEENSBORO BRIDGE
West Side Hwy
COLUMBUS CIRCLE
W. 57th St.
E. 57th St.
Museum of Modern Art
HELL'S KITCHEN
W. 50th St.
Rockefeller Center
LONG ISLAND CITY
Times Square
Summit One Vanderbilt
E. 42nd St.
W. 42nd St.
Grand Central Terminal
LINCOLN TUNNEL
Empire State Building
MIDTOWN WEST
W. 34th St.
E. 34th St.
HUDSON YARDS
Broadway
Franklin D. Roosev
GREENPOINT

COMBIEN ÇA COÛTE ?

CHER : LOGEMENT

Les auberges de jeunesse tournent autour de 40-50 $ la nuit, contre 80-100 $ la nuit minimum pour **l'hôtel.** **Airbnb ?** Souvent, les prix sont aussi chers qu'à l'hôtel et la législation est compliquée à New York, on privilégie donc l'hôtel !

PAS CHER : NOURRITURE À EMPORTER

Si les restaurants coûtent cher, la meilleure alternative pour faire des économies reste de prendre à emporter : nourriture économique et délicieuse garantie !

CHER : MUSÉES

Souvent 20-30 $. Beaucoup de musées organisent des après-midis à prix libre une fois par semaine, pense à réserver sur leur site Internet !

J'Y VAIS COMMENT ?

EN AVION

Option principale, sinon la seule.
Air France et des compagnies low cost organisent plusieurs vols par jour au départ de Paris.

- En s'y prenant bien à l'avance, il est possible d'avoir des allers-retours pour 200 euros.
- ⓘ Les aéroports les plus centraux sont JFK et La Guardia.

EN FERRY ?

Eco-friendly.
Les plus ambitieux peuvent se renseigner pour des traversées de l'Atlantique en bateau, qui prennent en moyenne deux à trois semaines.

J'Y VAIS QUAND ?

PRINTEMPS

Soleil assuré sans canicule !

- Beaucoup d'événements ont lieu au printemps, et les gens passent leur vie dehors et dans les parcs…
- En juillet-août, l'été peut devenir suffocant avec une chaleur humide très difficile à supporter…

AUTOMNE

Central Park aux couleurs de l'automne !

- Une belle météo avec des températures agréables.
- Précède l'hiver, qui est très froid : pense à emporter bonnets, gants et vêtements chauds car les températures sont changeantes.

À L'ARRIVÉE DEPUIS L'AÉROPORT

ⓘ **JFK :** Prendre **le AirTrain** (8 $ aller simple), avant de prendre **la ligne A** (billet de métro 3 $) pour rejoindre Manhattan en passant par Brooklyn !

ⓘ **LA GUARDIA :**
Prendre **le Q70** (gratuit) jusqu'à Jackson Heights-Roosevelt Avenue, puis prendre **le métro E, F, M ou R** (3 $) pour rejoindre le sud de Manhattan. Sinon, prendre le **M60 Select Bus** (3 $) qui descend jusqu'à la 106th Street dans Manhattan.

ⓘ **NEWARK :** Prendre **le AirTrain** pour rejoindre la gare Newark Liberty International Airport Train Station. Puis prendre un train **(Amtrak ou NJ Transit)** jusqu'à Penn Station, au cœur de Manhattan.

PETIT LEXIQUE DE SURVIE

HI, HELLO : **Salut**

THANKS, THANK YOU : **Merci**

BYE, TAKE CARE, HAVE A GOOD ONE : **Au revoir**

EXCUSE ME, SORRY : **Excusez-moi**

TIPS : **Pourboire**

THE CHECK PLEASE : **L'addition s'il vous plaît**

ⓘ URGENCES : 911 (numéro d'urgence américain pour toute situation)

DÉCALAGE HORAIRE

Il faut compter 6 ou 7 heures de décalage horaire avec la France. En arrivant, on se retrouve plein d'énergie tôt le matin et vidé le soir ! Évite de prévoir des activités trop tard le premier jour.

SÉCURITÉ

New York est une ville plutôt *safe* : il y a définitivement moins de pickpockets qu'à Paris et les gens te laissent tranquille.
New York est la ville des inégalités à l'extrême où certains vivent dans la plus grande précarité au pied des tours de millionnaires… Toujours faire attention à soi, notamment à Times Square et dans les lieux très touristiques.

WIFI

À chaque station de métro, **Wifi public et gratuit à disposition. Wifi dans les cafés également.**

NE PASSE PAS POUR UN PLOUC !

Ne fixe pas les gens. Chacun s'occupe de ses affaires et c'est très mal vu de fixer les autres, surtout dans le métro.
Sois poli, notamment dans les commerces et auprès des vendeurs, et n'hésite pas à être souriant, mais reste ferme, surtout si des personnes viennent t'aborder dans le métro ou dans la rue.

ET MAINTENANT QUE J'Y SUIS ?

FAIRE DES COURSES

Le meilleur supermarché pour de bons produits à des prix raisonnables est Trader Joe's. Sinon, ne pas hésiter à entrer dans les épiceries et marchés des diverses cultures présentes à New York pour des prix corrects. Les *delis* ou *bodegas* (épiceries du coin) sont souvent ouverts toute la nuit.

SE REPÉRER DANS LA VILLE

La plupart des directions qui vous seront données, y compris dans le métro, seront Downtown (vers le sud) ou Uptown (vers le nord). À Manhattan, c'est très simple : les rues sont numérotées et plus le chiffre augmente, plus vous montez vers le nord...

SORTIR LE SOIR

Les meilleurs quartiers pour sortir sont East Village et West Village (Manhattan) pour une ambiance hyper-vivante, internationale et étudiante. Bushwick (Brooklyn) est le quartier des boîtes et bars à la mode, des hipsters et des artistes !

SHOPPING

Les boutiques sont généralement ouvertes tous les jours jusqu'à 20h, sauf à Brooklyn où certaines ferment à 17h. Et pour les grands magasins, on court vers 5th Avenue et Madison Avenue !

ALCOOL

L'alcool est autorisé à partir de 21 ans. Tous les bars et clubs (même de jazz) ont un videur à l'entrée qui vérifiera systématiquement votre pièce d'identité.

CANNABIS

L'achat et la consommation de cannabis sont légaux à New York, mais pas dans beaucoup d'autres États américains, et surtout pas à la douane ou à l'aéroport. Ne tentez pas d'en rapporter car les douanes américaines sont extrêmement strictes et vous serez arrêté.

CIGARETTES

Fumer du tabac est très mal vu aux US. Il est souvent interdit de fumer sur les terrasses, même complètement ouvertes, et évitez de fumer sur les trottoirs à côté de passants.

BOUGER À NEW YORK

LE MÉTRO EST TON MEILLEUR AMI

- **Les lignes de métro circulent dans toute la ville 24h/24**
- **L'application My MTA** et le site https://new.mta.info permettent de vérifier les horaires des bus et métros en temps réel
- **Billet à l'unité 3 $,** abonnement à la semaine 33 $

LE BUS S'ARRÊTE PARTOUT LA NUIT

- **De 22h à 5h du matin,** les bus s'arrêtent également sur demande (request-a-stop) pour te rapprocher au maximum de ta destination. Il suffit de le demander au chauffeur (« Please stop, I want to get off here! Thank you! »). Plus de renseignements sur https://new.mta.info/guides/riding-the-bus
- **Billet à l'unité 3 $,** abonnement à la semaine 33 $

TES PIEDS TE MÈNERONT JUSQU'À L'HORIZON

Attends-toi à marcher pas mal : New York est une ville immense, et il faut parfois compter 10-15 minutes de marche depuis la station de métro pour arriver à destination !

TAXI ET UBER

- **La réservation d'un Uber se fait sur l'application**, comme en France.
- **Les taxis sont à héler**, à l'américaine ! On lève le bras au-dessus de la tête en direction des fameux taxis jaunes, seuls autorisés à prendre à bord des personnes leur faisant signe.
- **Souvent chers, les taxis et Uber proposent des tarifs équivalents.** Le taxi a tendance à être légèrement moins cher, sauf pour les longues distances ou lorsqu'on est bloqué dans les bouchons !

› SUITE ET FIN DES SPOTS PAR QUARTIER

Ce titre, conçu par
Hachette Tourisme,
a été écrit par
← **Léonie Lhommelais**
et **Marion Rouméas** →
sous la responsabilité
de Joël Ambroggi.

Conception graphique de la couverture et de la maquette intérieure : **Studio POLI&CO**
Illustration en couverture : **Clémentine Latron**
Réalisation originale de la maquette intérieure : **Studio POLI&CO**

HACHETTE TOURISME
Direction : **Sidonie Chollet**
Direction éditoriale : **Cécile Petiau**
Édition : **Joël Ambroggi**
Fabrication : **Liza Sacco**

Contact presse : ✉ **rmazef@hachette-livre.fr** - ☎ **01 43 92 36 66**
Contact publicité et partenariats : **partenariat-tourisme@hachette-livre.fr**

Aussi soigneusement qu'il ait été établi, ce guide n'est pas à l'abri des changements de dernière minute, des erreurs ou omissions. Ne manquez pas de nous faire part de vos remarques. Informez-nous aussi de vos découvertes personnelles, nous accordons la plus grande importance au courrier de nos lecteurs : **hachette-tourisme@hachette-livre.fr**

Édité par Hachette Livre (58, rue Jean-Bleuzen, CS 70007, 92 178 Vanves Cedex)
Imprimé par Polygraf (Capajevova 44, 08199 Presov, Slovaquie)
Achevé d'imprimer : septembre 2023
ISBN : 978-2-0178-8177-3 • 5344923
Dépôt légal : septembre 2023 • Collection n° 13 • Édition : 01

CRÉDIT PHOTOGRAPHIQUE

Léonie Lhommelais : p. 98.

Marion Rouméas : p. 90, 92, 100, 116.

AdobeStock : Alfredo : p. 94 • jonbilous : p. 55, 71 • Philip : p. 66 • travelview : p. 67.

Shutterstock : Antonio Gravante : p. 62 • ARTYOORAN : p. 61 • bodiaphvideo : p. 52 • Brent Hofacker : p. 28 • chettarin : p. 32 • Chie Inoue : p. 82 • CHOONGKY : p. 85 • Cory Seamer : p. 97 • Creative Family : p. 78 • David MG : p. 36 • DW labs Incorporated : p. 22 • Elena Veselova : p. 40, 45 • FashionStock.com : p. 69 • Felix Lipov : p. 93 • Francois Roux : p. 119 • gabriel12 : p. 77 • Geoff Goldswain : p. 56 • goodluz : p. 60 • IM_photo : p. 18 • Jarno Holappa : p. 58 bas • Javen : p. 15 • Joe Gough : p. 26 • Kaesler Media : p. 109 • Kamira : p. 96 • KazT : p. 107 • Keep Smiling Photography : p. 91 • Ko Backpacko : p. 75 • Kraft74 : p. 59 • lazyllama : p. 10 • LENS-68 : p. 89 • Leonard Zhukovsky : p. 25 • littlenySTOCK : p. 54 • Marco Rubino : p. 110 • oneinchpunch : p. 70 • Oomka : p. 64 • Osugi : p. 58 haut • pbd Studio : p. 38 • Phongthon Preuksrirat : p. 34 • pio3 : p. 46 • pisaphotography : p. 12 • Ratov Maxim : p. 101 • rblfmr : p. 102 • Ruben Martinez Barricarte : p. 104 • Ryan DeBerardinis : p. 17 • Ryzhkov Photography : p. 35 • Sean Pavone : p. 14, 95 • SherSor : p. 42 • Siftey : p. 30 • StudioByTheSea : p. 49 • tolin168 : p. 24 • ULU_BIRD : p. 114 • View Apart : p. 68 • Warren Eisenberg : p. 80.

Clémentine Latron a créé les dessins qui figurent en couverture et sur les pages 16, 50, 68, 82.

Les fonds graphiques et pictogrammes proviennent de **AdobeStock**.